21世纪

高等学校精品规划教材配套指导书

电路分析习题指导书

主　编　智贵连
副主编　李博森

中国水利水电出版社
www.waterpub.com.cn

内 容 提 要

本书是21世纪高等学校精品规划教材《电路分析》的配套指导书，主要面向学生和自学读者。全书共有11章，内容次序与《电路分析》教材一致。除“均匀传输线的概念”一章外，其余各章均由选择题和计算题两部分组成。选择题部分侧重于让学生理解和建立后续电类课程用到的基本概念；计算题部分则详细介绍了解题步骤，致力提高学生的电路分析计算水平。

本书适合学习“电路分析”课程的学生使用，也可供教师作为教学参考书使用。

图书在版编目（CIP）数据

电路分析习题指导书 / 智贵连主编. -- 北京 : 中国水利水电出版社, 2010.6
21世纪高等学校精品规划教材配套指导书
ISBN 978-7-5084-7659-9

Ⅰ. ①电… Ⅱ. ①智… Ⅲ. ①电路分析－高等学校－教学参考资料 Ⅳ. ①TM133

中国版本图书馆CIP数据核字(2010)第122266号

书　　名	21世纪高等学校精品规划教材配套指导书 **电路分析习题指导书**
作　　者	主编 智贵连　副主编 李博森
出版发行	中国水利水电出版社 （北京市海淀区玉渊潭南路1号D座　100038） 网址：www.waterpub.com.cn E-mail：sales@waterpub.com.cn 电话：（010）68367658（营销中心）
经　　售	北京科水图书销售中心（零售） 电话：（010）88383994、63202643 全国各地新华书店和相关出版物销售网点
排　　版	中国水利水电出版社微机排版中心
印　　刷	北京瑞斯通印务发展有限公司
规　　格	184mm×260mm　16开本　7.5印张　178千字
版　　次	2010年6月第1版　2010年6月第1次印刷
印　　数	0001—3000册
定　　价	**15.00**元

前　　言

本书是21世纪高等学校精品规划教材《电路分析》的配套指导书，主要是为学生和广大自学读者编写的。全书共有11章，内容次序与《电路分析》教材一致，其中非线性电阻、均匀传输线等内容可供不同专业备选。本书针对《电路分析》教材每一节的内容，都配备有一定数量的选择题和计算题，其中约1/3的题直接选自教材。选择题部分侧重于基本概念，希望帮助学生理解和建立后续电类课程用到的基本概念；计算题部分则详细介绍了解题步骤，希望帮助学生理清解题思路，掌握各种电路的分析计算方法，提高分析计算水平。

本书适用于应用型本科及高职高专电力类、自动化类、机电类、电气类、仪器仪表类、电子类及测控技术类专业，还适用于专升本升学复习及电力、电子企业新员工入职前强化培训用。

本书的编写计划和编写大纲由吴安岚教授起草，在编写过程中也得到吴安岚教授的大力支持和指导，在此表示感谢。本书的第1章、第2章由李博森编写，第3章、第4章由姬昌利编写，第5章、第6章由嵇拓编写，第7章至第11章由智贵连编写。全书由智贵连统稿、修改和补充。

由于编者的水平和经验有限，书中难免会有疏漏和错误之处，恳请读者批评指正。

编者

2010年3月

目　　录

第1章 电路的基本概念和定律

一、选择题

1-1 电路的作用是（ ）。

A. 把机械能转变为电能　　B. 把电信号转变为语言和音乐

C. 把电能转变为机械能、光能、热能

D. 生产、传输、分配和使用电能，变换、控制和处理电信号

1-2 理想电路元件指的是（ ）。

A. 质量优良的电路元件　　B. 廉价的电路元件

C. 反应单一电磁性能的抽象电路元件　　D. 省电的电路元件

1-3 下列四种电路元件，属于理想电路元件的是（ ）。

A. 电阻元件　　B. 电感线圈　　C. 电容器　　D. 二极管

1-4 电路模型是（ ）。

A. 木质或塑料制成的展览模型　　B. 由理想元件组成的实际电路的模型

C. 将实际电路按比例缩小的实物　　D. 将实际电路简化的模型

1-5 电流的参考方向为（ ）。

A. 沿电路任意选定的某一方向　　B. 正电荷的移动方向

C. 负电荷的移动方向　　D. 电流的实际方向

1-6 在电路中，如果正电荷由a点移动到b点的过程中释放了能量，则a点的电位（ ）b点的电位。

A. 高于　　B. 低于　　C. 等于　　D. 无法确定

1-7 如图1-1所示电路，$U_S>0$、$I_S>0$，吸收功率的元件是（ ）。

A. 电压源　　B. 电流源

C. 两者都是　　D. 无法确定

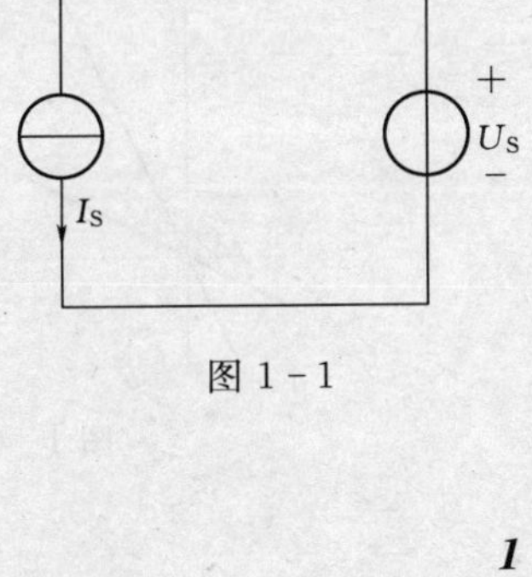

图1-1

1-8 如图1-2所示电路，10V电压源发出的功率为（ ）W。

A. 20　　B. −20

C. 30　　D. −30

1-9 对于b条支路、n个节点的电路，可列出独立KCL方程的数量为（ ）个。

A. $n-1$　　　　B. n　　　　C. $n+b$　　　　D. $b-n+1$

1-10　如图 1-3 所示电路，电流 I_2 的大小为（　　）A。

A. 2　　　　B. −2　　　　C. −3　　　　D. 3

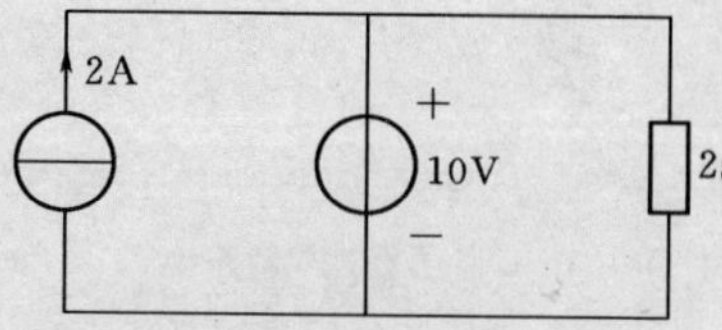

图 1-2

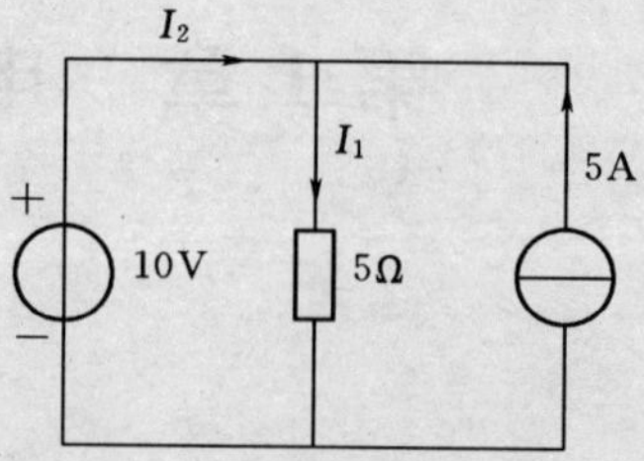

图 1-3

1-11　如图 1-4 所示电路，$U_1=1V$、$U_2=-1V$、$U_3=2V$、$U_4=-2V$，则 U_5 为（　　）V。

A. −2　　　　B. 2　　　　C. 0　　　　D. −3

1-12　如图 1-5 所示电路，流过 7Ω 电阻的电流 I 为（　　）A。

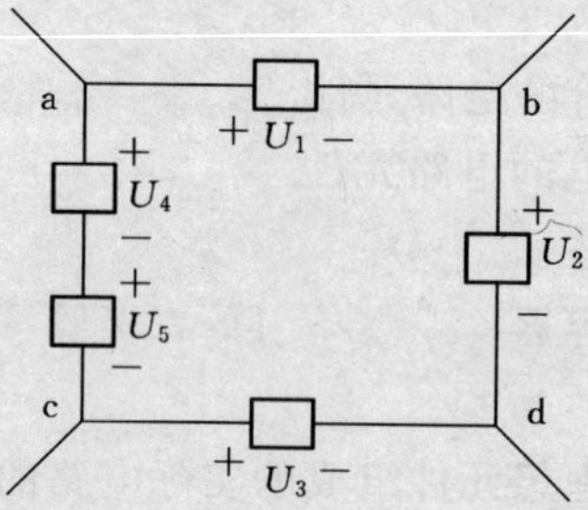

图 1-4

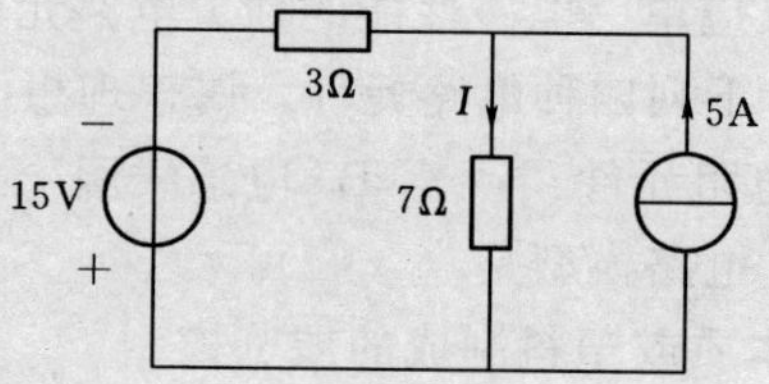

图 1-5

A. 5　　　　B. 0　　　　C. 3　　　　D. −3

1-13　如图 1-6 所示两个线性电阻 R_a 和 R_b 的伏安特性曲线，可以确定（　　）。

A. $R_a=R_b$　　　　B. $R_a>R_b$

C. $R_a<R_b$　　　　D. 无法确定

1-14　如图 1-7 所示电路，电流 I 的大小为（　　）A。

A. −1　　　　B. −2　　　　C. 2　　　　D. 1

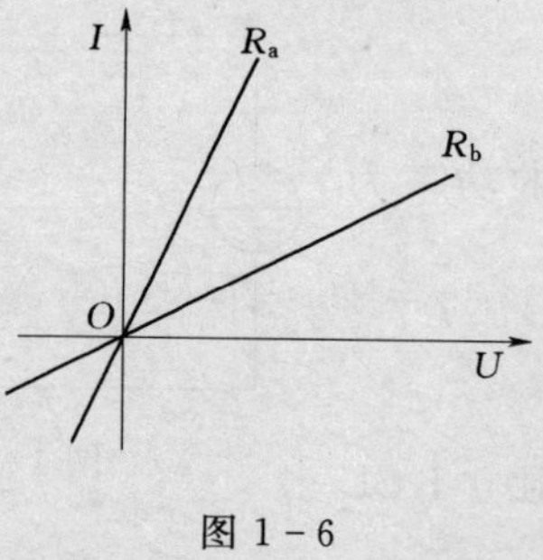

图 1-6

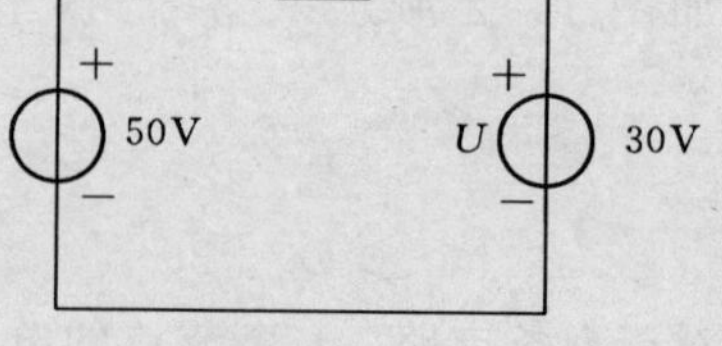

图 1-7

1-15　一个 20kΩ 的电阻，能通过的最大电流为 5mA，这个电阻的额定功率为(　　) W。

A. 0.5　　B. 1

C. 1.5　　D. 2

1-16　如图 1-8 所示二端网络的端口电压电流关系为(　　)。

A. $U=5I+10$　　B. $U=5I-10$

C. $U=-5I+10$　　D. $U=-5I-10$

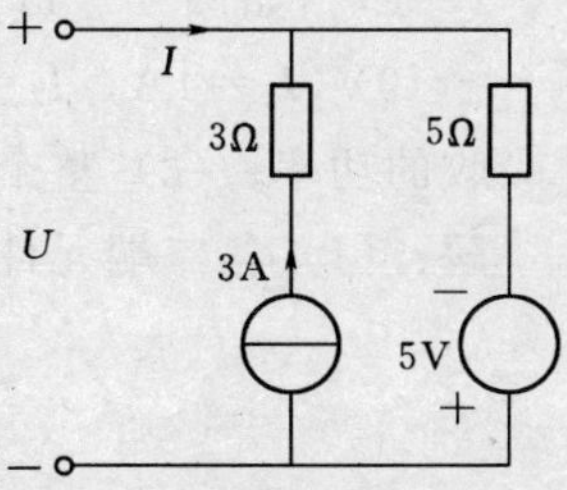

图 1-8

二、计算题

1-17　如图 1-9 所示电路：(1) U、I 的参考方向是否关联？(2) U、I 的乘积表示什么功率？(3) 若在图 1-9(a)中 $U>0$、$I<0$，图 1-9(b)中 $U>0$、$I>0$，则元件实际发出还是吸收功率？

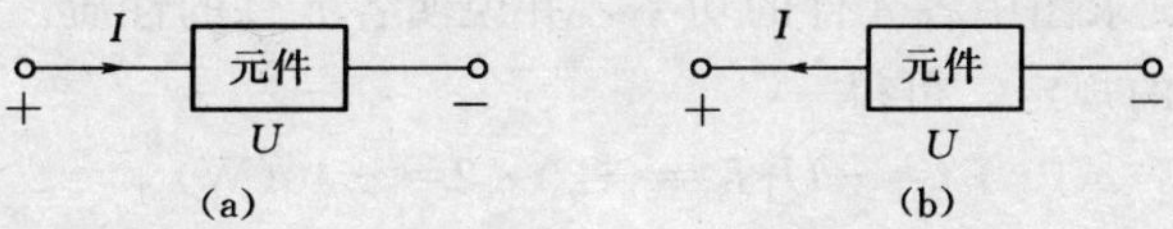

图 1-9

解：(1) 图 1-9(a)中电流的参考方向是从电压的参考正极性端指向负极性端，因此 U、I 的参考方向为关联。图 1-9 (b) 中 U、I 为非关联参考方向。

(2) 图 1-9(a)中 U、I 为关联参考方向，则乘积 UI 表示元件吸收的功率。图 1-9 (b) 中 U、I 为非关联参考方向，则乘积 UI 表示元件发出的功率。

(3) 图 1-9(a)中 $P=UI$，由于 $U>0$、$I<0$，则 $P<0$，即元件实际发出功率。图 1-9 (b) 中 $P=-UI$，由于 $U>0$、$I>0$，则 $P<0$，即元件实际也是发出功率。

1-18　如图 1-10 所示电路，已知 $I_1=3A$，$I_2=-2A$，$I_3=1A$，电位 $\varphi_a=8V$，$\varphi_b=6V$，$\varphi_c=-3V$，$\varphi_d=8V$。求元件 1、3、5 上吸收的功率。

解：设元件 1、3、5 上吸收的功率分别为 P_1、P_3、P_5，则

$$P_1=-\varphi_a I_1=-8\times3=-24(W)$$

$$P_3=\varphi_b I_3=6\times1=6(W)$$

$$P_5=U_{dc}I_2=(\varphi_d-\varphi_c)I_2=(8+3)\times(-2)=-22(W)$$

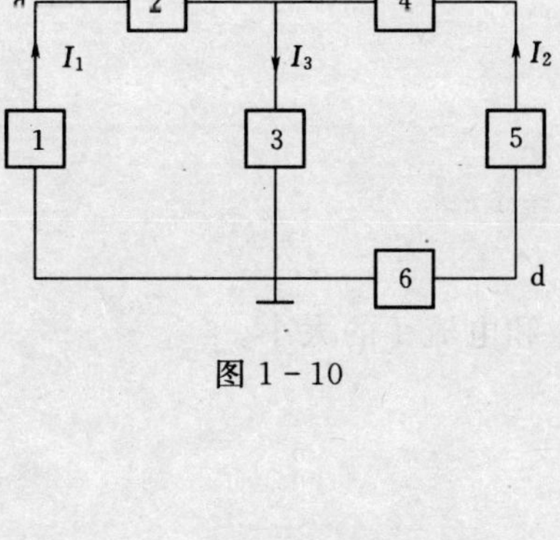

图 1-10

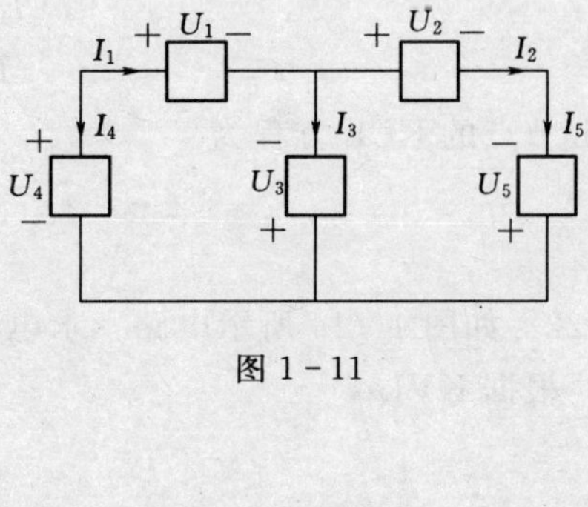

图 1-11

1-19　如图 1-11 所示电路，已知 $U_1=1V$，$U_2=-6V$，$U_3=-4V$，$U_4=5V$，$U_5=-10V$，$I_1=1A$，$I_2=-3A$，$I_3=4A$，$I_4=-1A$，$I_5=-3A$。试求：(1) 各二端元件吸收的功率；(2) 整个电路吸收的功率。

解：(1) 各二端元件吸收的功率为

$$P_1=U_1I_1=1\times1=1(W)$$
$$P_2=U_2I_2=(-6)\times(-3)=18(W)$$
$$P_3=-U_3I_3=-[(-4)\times4]=16(W)$$
$$P_4=U_4I_4=5\times(-1)=-5(W)$$
$$P_5=-U_5I_5=-[(-10)\times(-3)]=-30(W)$$

(2) 整个电路吸收的功率为

$$\sum_{k=1}^{5}P_k=P_1+P_2+P_3+P_4+P_5=1+18+16-5-30=0$$

1-20　如图 1-12 所示电路，已知 $U_1=20V$，$I_1=2A$，$U_2=10V$，$I_2=-1A$，$U_3=-10V$，$I_3=-3A$，试求图中各元件的功率，并说明各元件的性质。

解：由功率计算的规定，可得

$$P_1=-U_1I_1=-20\times2=-40(W)$$
$$P_2=U_2I_2=10\times(-1)=-10(W)$$
$$P_3=-U_3I_1=-[(-10)\times2]=20(W)$$
$$P_4=-U_2I_3=-[10\times(-3)]=30(W)$$

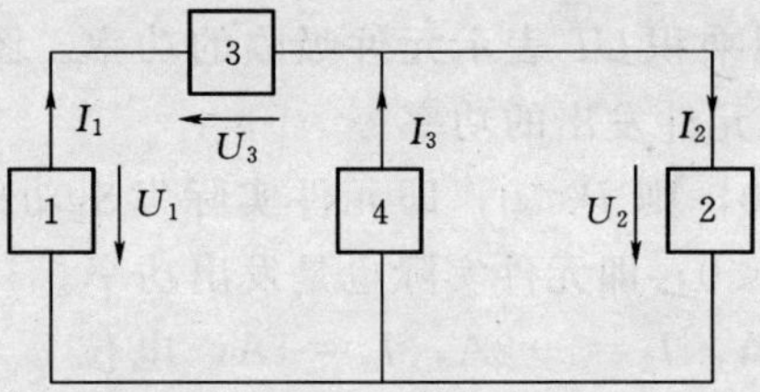

图 1-12

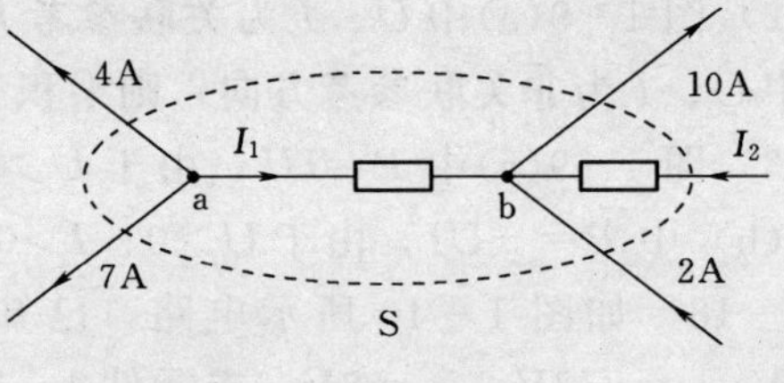

图 1-13

元件 1 和元件 2 发出功率是电源，元件 3 和元件 4 吸收功率是负载。上述计算满足 $\sum P=0$，说明计算结果无误。

1-21　如图 1-13 所示电路，试求电流 I_1 和 I_2 的大小。

解：列 a 节点的 KCL 方程为

$$I_1+4+7=0$$

得
$$I_1=-11A$$

列 b 节点的 KCL 方程为

$$I_1+I_2+2-10=0$$

得
$$I_2=19A$$

1-22　如图 1-14 所示电路，求电压 U_1、U_2 和电流 I 的大小。

解：根据 KVL

$$U_1=1\times1+10=11(\text{V}),\ U_2=-1\times2+10=8(\text{V})$$

根据 KCL，节点 a 的方程为

$$-1+\frac{10}{2}+I+2=0$$

得
$$I=1-\frac{10}{2}-2=-6(\text{A})$$

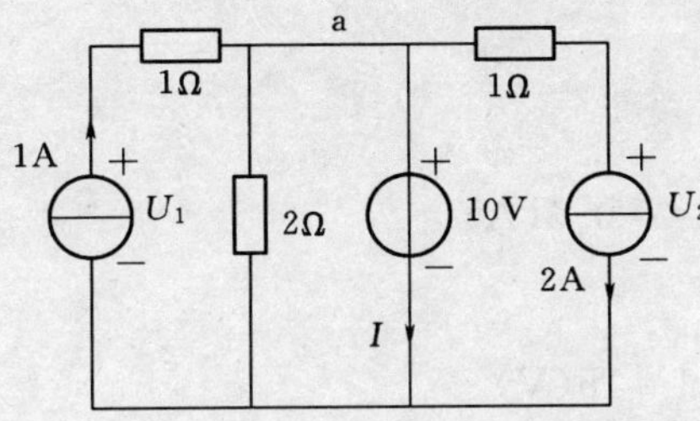

图 1-14

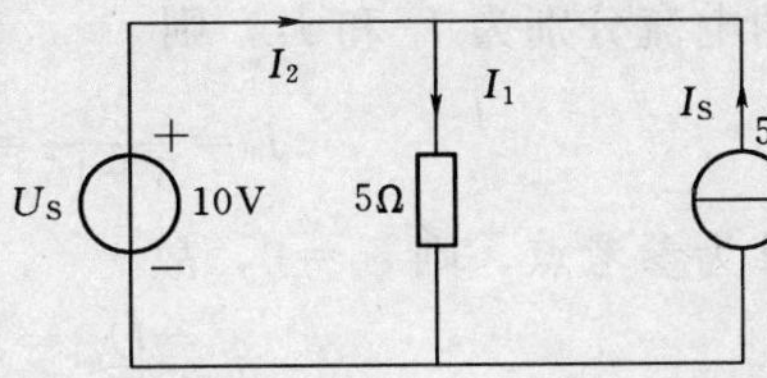

图 1-15

1-23　如图 1-15 所示电路，试求各元件的功率。

解：
$$I_1=\frac{10}{5}=2(\text{A})$$

由 KCL 对节点 a 列

$$I_2=I_1-I_S=2-5=-3(\text{A})$$

电阻的功率

$$P_R=I_1^2R=2^2\times5=20(\text{W})$$

理想电压源的功率

$$P_{U_S}=-U_SI_2=-[10\times(-3)]=30(\text{W})$$

理想电流源的功率

$$P_{I_S}=-U_SI_S=-10\times5=-50(\text{W})$$

1-24　如图 1-16 所示电路，试求各元件的功率。

解：
$$U_1=5\times5=25(\text{V})$$

由 KVL 对回路列

$$U_2=U_1+U_S=25+10=35(\text{V})$$

电阻的功率

$$P_R=I_S^2R=5^2\times5=125(\text{W})$$

恒压源的功率

$$P_{U_S}=U_SI_S=10\times5=50(\text{W})$$

恒流源的功率

$$P_{I_S}=-U_2I_S=-35\times5=-175(\text{W})$$

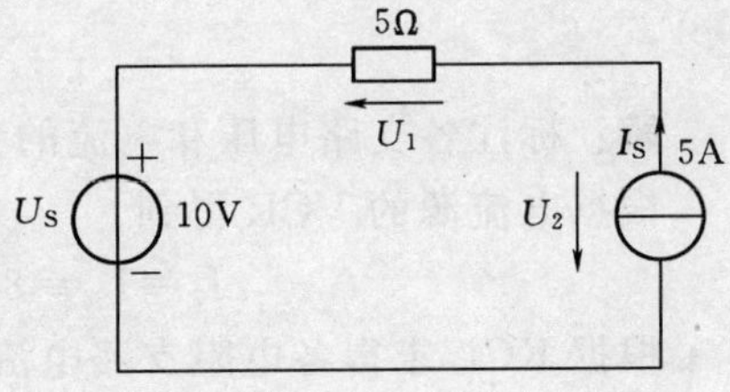

图 1-16

1-25　如图 1-17 所示电路，d 点为参考点，求 a、b、c、f 点的电位 φ_a、φ_b、φ_c、φ_f 和电压 U_{ab} 及电流 I。

解： 因 2Ω 电阻没有与任何电源构成回路，因而电流 $I=0$，故电压 $U_{ab}=0$；设左右两

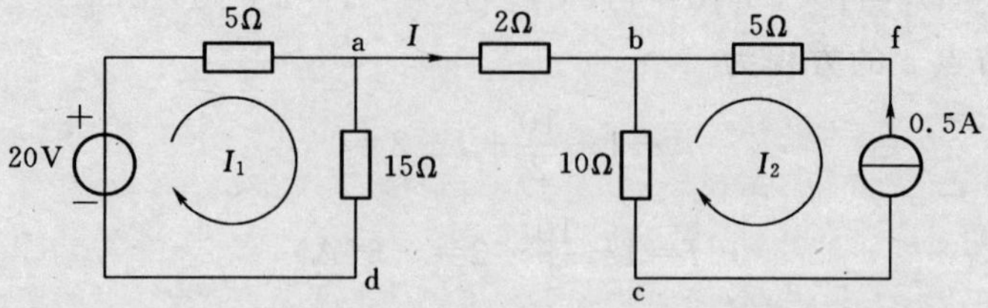

图 1-17

个回路的电流分别为 I_1 和 I_2，则

$$I_1=\frac{20}{5+15}=1(\text{A}),\ I_2=-0.5(\text{A})$$

以 d 为参考点，则 $\varphi_d=0$，故

$$\varphi_a=U_{ad}=15I_1=15\times1=15(\text{V})$$

$$\varphi_b=U_{bd}=U_{ba}+U_{ad}=0+15=15(\text{V})$$

$$\varphi_c=U_{cd}=U_{cb}+U_{bd}=10I_2+15=10\times(-0.5)+15=10(\text{V})$$

$$\varphi_f=U_{fd}=U_{fb}+U_{bd}=-5I_2+15=-5\times(-0.5)+15=17.5(\text{V})$$

1-26　如图 1-18（a）所示电路，已知 $I_{S2}=8\text{A}$，$I_{S4}=1\text{A}$，$I_{S5}=3\text{A}$，$R_1=2\Omega$，$R_3=3\Omega$，$R_6=6\Omega$。试求各支路电流和支路电压。

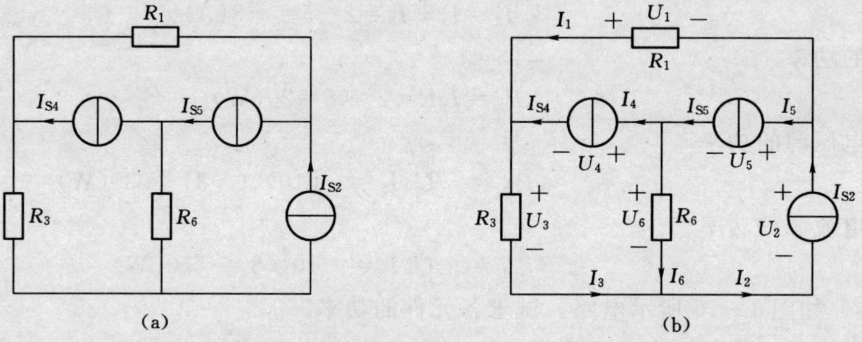

图 1-18

解：标注各支路电压和电流的参考方向如图 1-18（b）所示。

根据电流源的 VCR 得到

$$I_2=I_{S2}=8\text{A},\ I_4=I_{S4}=1\text{A},\ I_5=I_{S5}=3\text{A}$$

根据 KCL 求得各电阻支路电流分别为

$$I_1=I_2-I_5=8-3=5(\text{A})$$

$$I_3=I_1+I_4=5+1=6(\text{A})$$

$$I_6=I_5-I_4=3-1=2(\text{A})$$

根据欧姆定律求出各电阻支路电压分别为

$$U_1=R_1I_1=2\times5=10(\text{V})$$

$$U_3=R_3I_3=3\times6=18(\text{V})$$

$$U_6=R_6I_6=6\times2=12(\text{V})$$

根据 KVL 求得各电流源支路电压分别为

$$U_2=U_3+U_1=18+10=28(\mathrm{V})$$
$$U_4=U_6-U_3=12-18=-6(\mathrm{V})$$
$$U_5=U_1+U_3-U_6=10+18-12=16(\mathrm{V})$$

1-27　如图 1-19 所示电路，已知 $I_1=3\mathrm{A}$。试求各支路电流和电流源电压 U。

解：注意到电流 $I_1=3\mathrm{A}$ 和电流源支路电流 $I_3=2\mathrm{A}$ 是已知量，观察电路的各节点可以看出，根据节点①的 KCL 求得

$$I_4=I_1-I_3=3-2=1(\mathrm{A})$$

由 KVL 得

$$12I_4+12+2I_5+6I_1-50=0$$

即

$$12\times1+12+2I_5+6\times3-50=0$$

解得

$$I_5=4\mathrm{A}$$

对节点②和④应用 KCL 分别求得

$$I_6=I_4-I_5=1-4=-3(\mathrm{A})$$
$$I_2=I_1-I_5=3-4=-1(\mathrm{A})$$

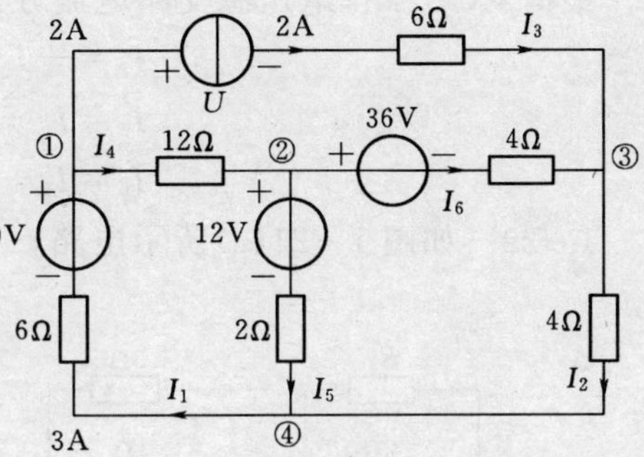

图 1-19

用 KVL 求得电流源电压

$$U=12I_4+36+4I_6-6I_3=12\times1+36+4\times(-3)-6\times2=24(\mathrm{V})$$

1-28　如图 1-20（a）所示电路，已知 $U_{S1}=2\mathrm{V}$，$U_{S3}=10\mathrm{V}$，$U_{S6}=4\mathrm{V}$，$R_2=3\Omega$，$R_4=2\Omega$，$R_5=4\Omega$。求各支路电压和支路电流。

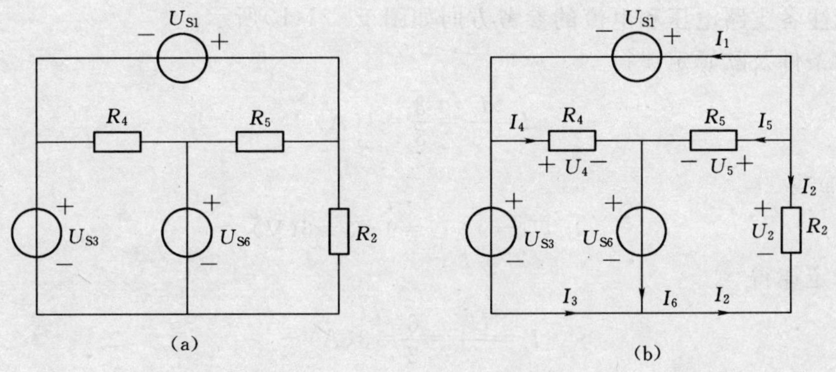

图 1-20

解：标注各支路电压和电流的参考方向如图 1-20（b）所示。

根据电压源的 VCR 得到各电压源支路的电压为

$$U_{S1}=2\mathrm{V},\ U_{S3}=10\mathrm{V},\ U_{S6}=4\mathrm{V}$$

根据 KVL 可求得

$$U_2=U_{S1}+U_{S3}=2+10=12(\mathrm{V})$$
$$U_4=U_{S3}-U_{S6}=10-4=6(\mathrm{V})$$

$$U_5 = U_{S1} + U_{S3} - U_{S6} = 2 + 10 - 4 = 8(\text{V})$$

根据欧姆定律求出各电阻支路电流分别为

$$I_2 = \frac{U_2}{R_2} = \frac{12}{3} = 4(\text{A})$$

$$I_4 = \frac{U_4}{R_4} = \frac{6}{2} = 3(\text{A})$$

$$I_5 = \frac{U_5}{R_5} = \frac{8}{4} = 2(\text{A})$$

根据 KCL 求得电压源支路电流分别为

$$I_1 = -I_2 - I_5 = -4 - 2 = -6(\text{A})$$

$$I_3 = I_1 - I_4 = -6 - 3 = -9(\text{A})$$

$$I_6 = I_4 + I_5 = 3 + 2 = 5(\text{A})$$

1-29　如图 1-21(a)所示电路，电压 U=3V。求电阻 R_1 的值。

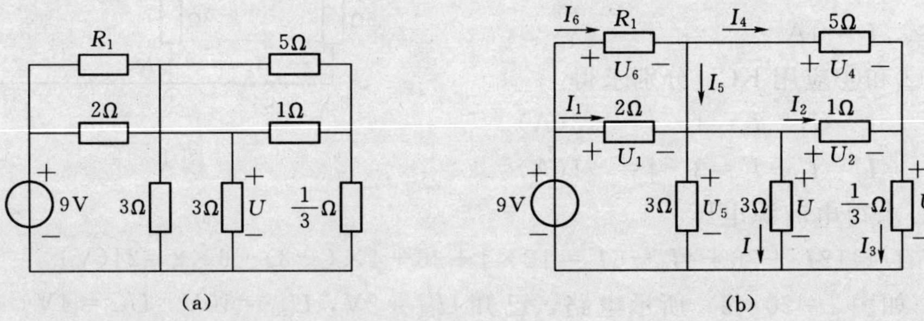

图 1-21

解：标注各支路电压和电流的参考方向如图 1-21(b)所示。

由已知条件及欧姆定律得

$$I = \frac{U}{3} = \frac{3}{3} = 1(\text{A})$$

由 KVL 得

$$U_1 = 9 - U = 9 - 3 = 6(\text{V})$$

由欧姆定律得

$$I_1 = \frac{U_1}{2} = \frac{6}{2} = 3(\text{A})$$

由 KCL 得

$$I_2 = I_1 - I = 3 - 1 = 2(\text{A})$$

以下的过程反复应用欧姆定律及 KCL、KVL 递推得到

$$U_2 = 1 \times I_2 = 1 \times 2 = 2(\text{V})$$

$$U_3 = -U_2 + U = -2 + 3 = 1(\text{V}),\ I_3 = \frac{U_3}{1/3} = \frac{1}{1/3} = 3(\text{A})$$

$$I_4 = -I_2 + I_3 = -2 + 3 = 1(\text{A}),\ U_4 = 5I_4 = 5 \times 1 = 5(\text{V})$$

$$U_5=U_3+U_4=1+5=6(\mathrm{V}),\ I_5=\frac{U_5}{3}=\frac{6}{3}=2(\mathrm{A})$$

$$U_6=9-U_5=9-6=3(V),\ I_6=I_4+I_5=1+2=3(\mathrm{A})$$

故

$$R_1=\frac{U_6}{I_6}=\frac{3}{3}=1(\Omega)$$

第2章　直流电路的计算

一、选择题

2-1　若干电阻 R_1、R_2、R_3、…串联连接，其总电阻的表达式 $R=$（　　）。

A. $R_1+R_2+R_3+\cdots$　　B. $R_1R_2R_3\cdots$

C. $\dfrac{1}{\dfrac{1}{R_1}+\dfrac{1}{R_2}+\dfrac{1}{R_3}+\cdots}$　　D. $R_1/R_2/R_3/\cdots$

2-2　计算三个电阻 R_1、R_2、R_3 并联之后的等效电阻，应选用公式（　　）。

A. $R=\dfrac{1}{\dfrac{1}{R_1}+\dfrac{1}{R_2}+\dfrac{1}{R_3}}$　　B. $R=\dfrac{R_3}{R_1+R_2}+\dfrac{R_1}{R_2+R_3}+\dfrac{R_2}{R_1+R_3}$

C. $R=\dfrac{R_1R_2R_3}{R_1+R_2+R_3}$　　D. $R=R_1+R_2+R_3$

2-3　如图2-1所示电路，其等效电阻 R_{ab} 为（　　）。

A. 2S　　B. 2Ω　　C. 1Ω　　D. 1S

2-4　如图2-2所示电路，其等效电阻 R_{ab} 为（　　）Ω。

A. 3　　B. 4　　C. 5　　D. 6

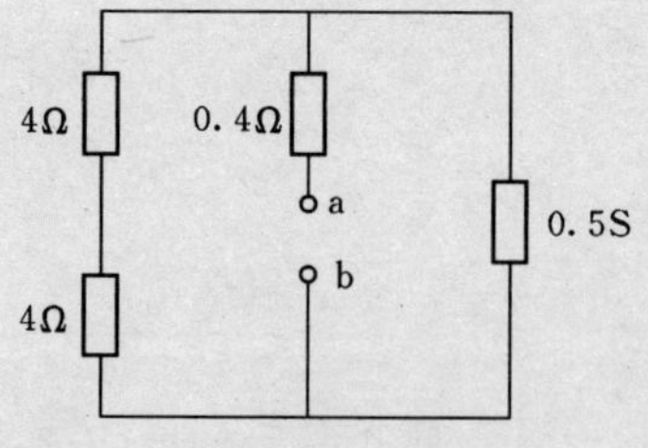

图2-1

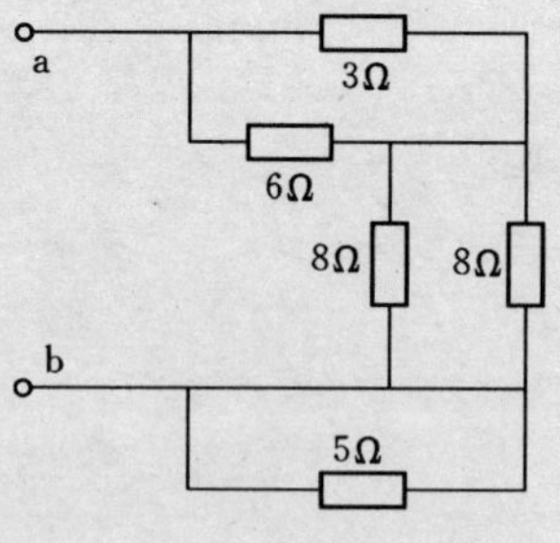

图2-2

2-5　用等效变换的方法计算电路，（　　）。

A. 可直接对等效电路本身计算其电压或电流

B. 可直接对等效电路之外的其他电路部分计算其电压或电流

C. 原电路与其等效电路所消耗的功率必定不同

D. 原电路与其等效电路所消耗的功率可能相同也可能不同

2-6　如图 2-3 所示电路，I_1 等于（　　）A。

A. 0.5　　B. −1　　C. 1.5　　D. 2

2-7　如图 2-4 所示电路中的 U_{ab} 为（　　）V。

A. 40　　B. 60　　C. −40　　D. −60

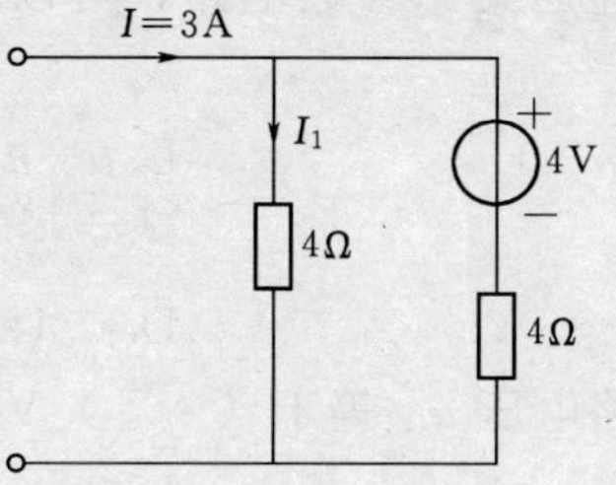

图 2-3

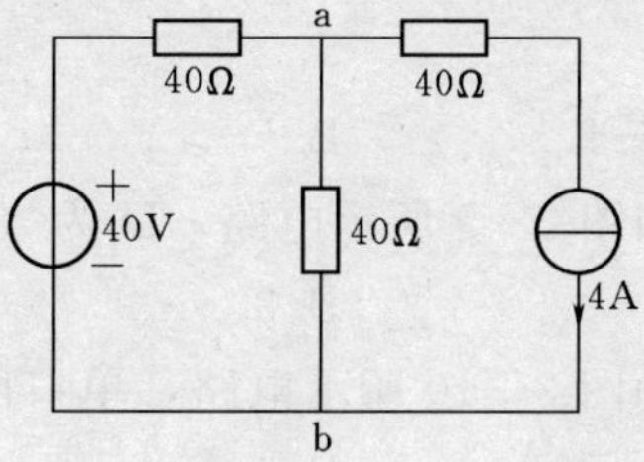

图 2-4

2-8　如图 2-5 所示电路中的 i 为（　　）A。

A. 3　　B. 4　　C. −5　　D. −1

2-9　如图 2-6 所示电路，u 为（　　）V。

A. 2　　B. −2　　C. 4　　D. −4

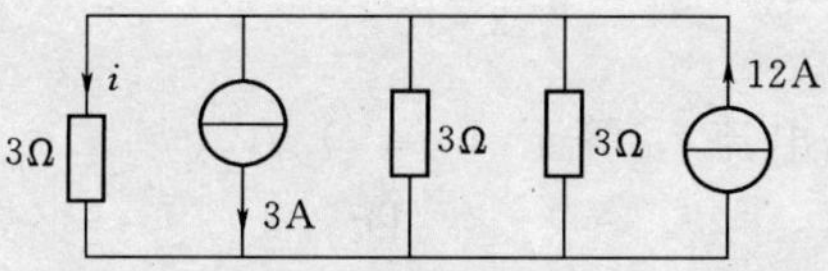

图 2-5

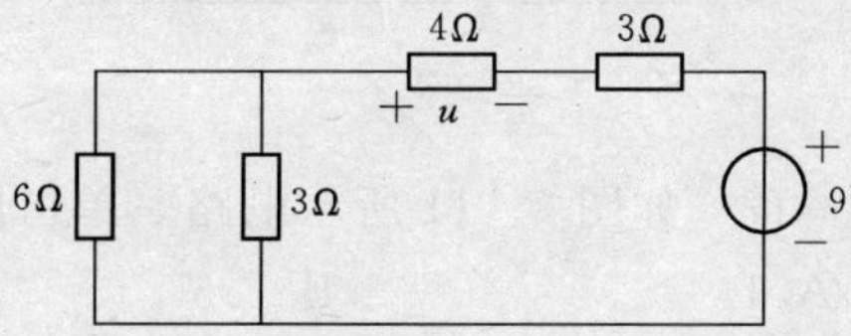

图 2-6

2-10　如图 2-7 所示电路的网孔方程为（　　）。

A. $\begin{cases} 6I_1-9I_2=7 \\ -4I_1+13I_2=-4 \end{cases}$　　B. $\begin{cases} 6I_1+I_2=-3 \\ -4I_1+3I_2=4 \end{cases}$

C. $\begin{cases} 6I_1-9I_2=7 \\ -4I_1+13I_2=-6 \end{cases}$　　D. $\begin{cases} 6I_1+I_2=-7 \\ -4I_1+13I_2=-4 \end{cases}$

2-11　如图 2-8 所示电路，I 为（　　）A。

A. 1　　B. 2　　C. 4　　D. 8

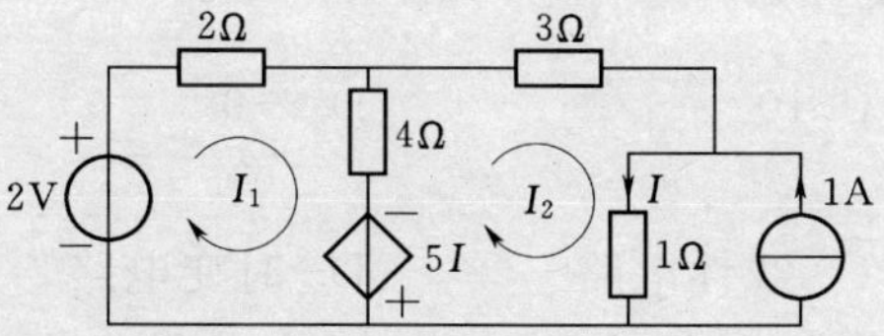

图 2-7

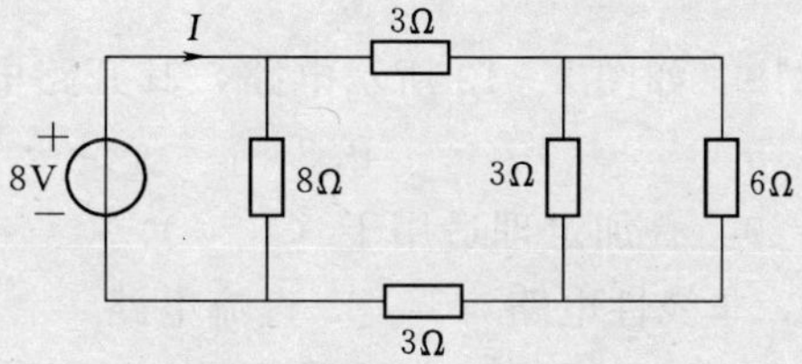

图 2-8

2-12　对于含有 b 条支路、n 个节点的平面连通集总参数电路，可以列（　　）个网孔方程。

A. $b-n$　　B. $b-n+1$　　C. $b+n+1$　　D. $b+n-1$

2-13　节点方程中的每一项代表（　　）。

A. 一个电流　　B. 一个电压　　C. 一个电导　　D. 电功率

2-14　对于含有 b 条支路、n 个节点的平面连通集总参数电路，可以列（　　）个节点方程。

A. $b+n-1$　　B. $b+1$　　C. $n-1$　　D. $b-n$

2-15　如图 2-9 所示电路，U 为（　　）V。

A. 0　　B. 3　　C. -5　　D. -4

2-16　如图 2-10 所示电路，单口网络的开路电压 u_{OC} 等于（　　）V。

A. 3　　B. 4　　C. 5　　D. 9

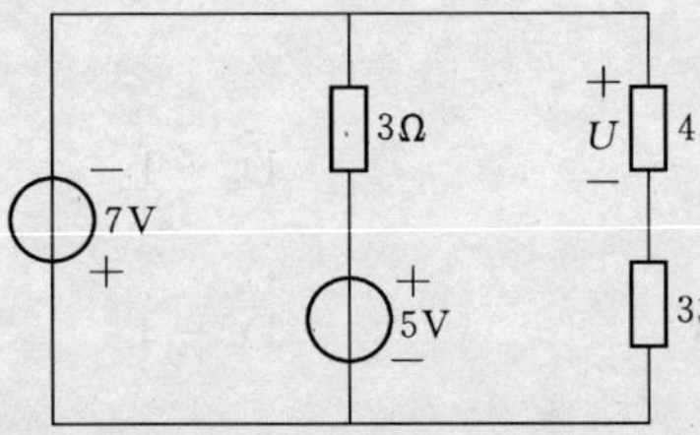

图 2-9

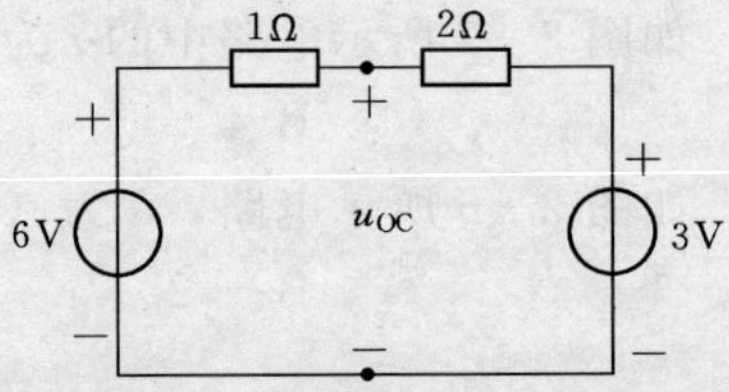

图 2-10

2-17　如图 2-11 所示电路，单口网络的短路电流 i_{SC} 等于（　　）A。

A. 1　　B. 1.5　　C. 3　　D. -1

2-18　如图 2-12 所示电路，$R_L=10\Omega$，R_L 能获得最大功率的条件是（　　）。

A. $R_S=10\Omega$　　B. $R_S=0\Omega$　　C. $R_S=5\Omega$　　D. $R_S=\infty$

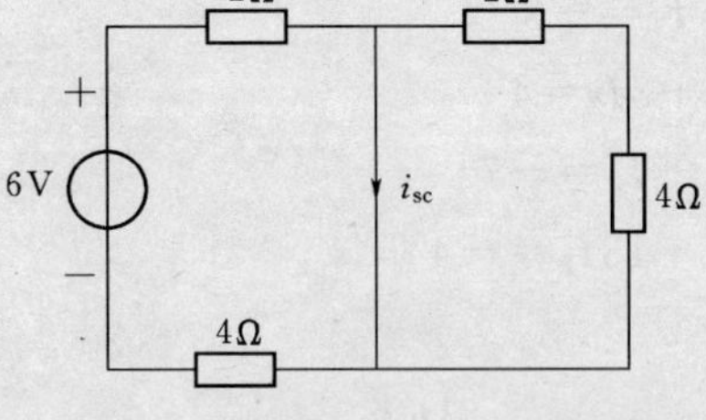

图 2-11

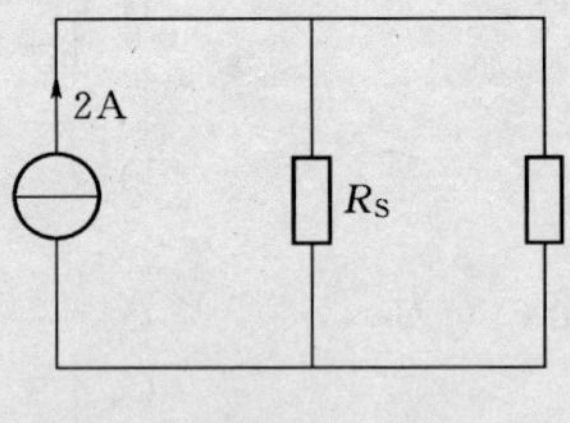

图 2-12

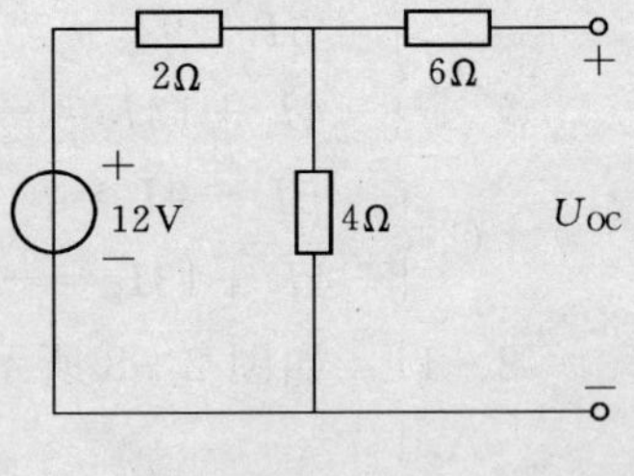

图 2-13

2-19　如图 2-13 所示电路，其开路电压为（　　）V。

A. 5　　B. 8　　C. 10　　D. -9

2-20　叠加定理适用于（　　）。

A. 非线性电路　　B. 直流电路　　C. 线性电路　　D. 时变电路

2-21　应用叠加定理求解电路时，当某独立电源单独作用时，将其他独立电压源用（　　）代替。

A. 短路　　　　　　B. 开路　　　　　　C. 电流源　　　　　　D. 受控源

2-22　如图 2-14 所示电路，若 18V 电压源单独作用，电流 I 的分量 I'=(　　)A (I'与 I 的参考方向相同)。

A. −0.5　　　　　　B. 2　　　　　　C. 3　　　　　　D. −1

2-23　用叠加定理求解电路时，当某独立源单独作用时，将其余独立电流源用(　　)代替。

A. 短路　　　　　　B. 开路　　　　　　C. 电流源　　　　　　D. 受控源

2-24　如图 2-15 所示电路，I_{SC}=(　　)A。

A. 2　　　　　　B. 4　　　　　　C. 8　　　　　　D. 0

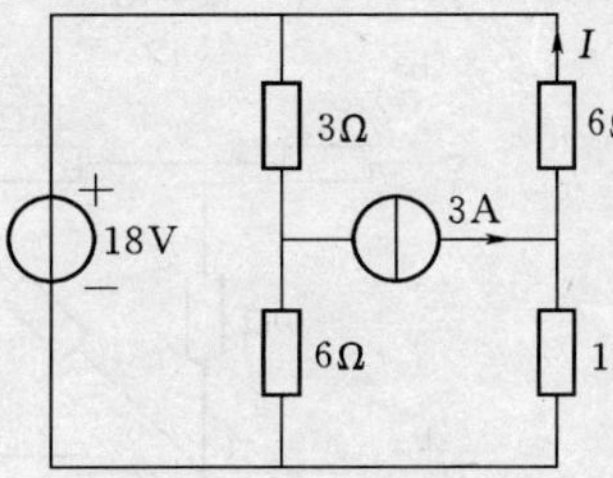

图 2-14

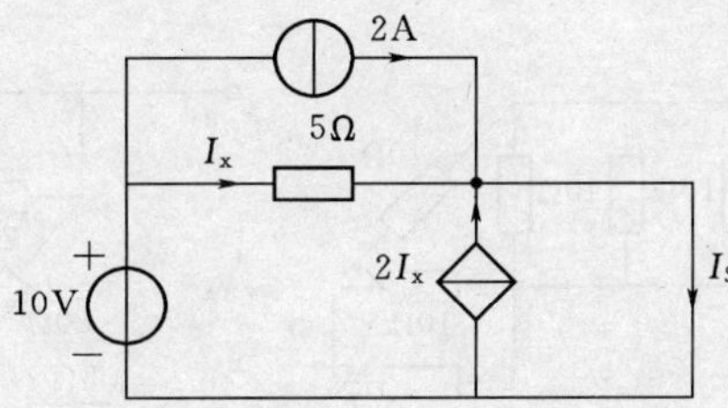

图 2-15

2-25　如图 2-16 所示电路，二端网络的输入电阻为（　　）Ω。

A. 10　　　　　　B. 11　　　　　　C. ∞　　　　　　D. 1

2-26　如图 2-17 所示电路，输入电阻 R_{ab} 为（　　）。

A. 大于 10Ω　　　　　　B. 等于 10Ω　　　　　　C. 小于 10Ω 的正电阻　　　　　　D. 一负电阻

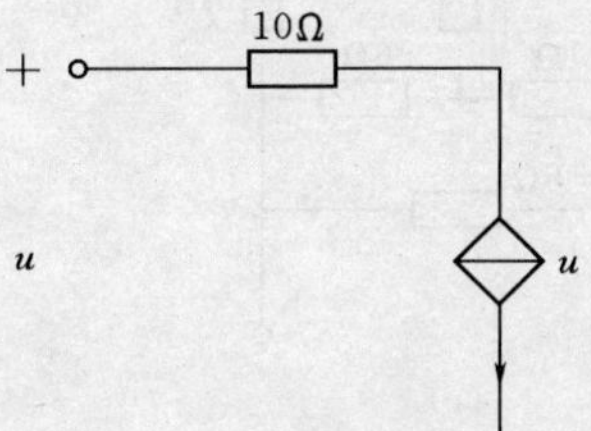

图 2-16

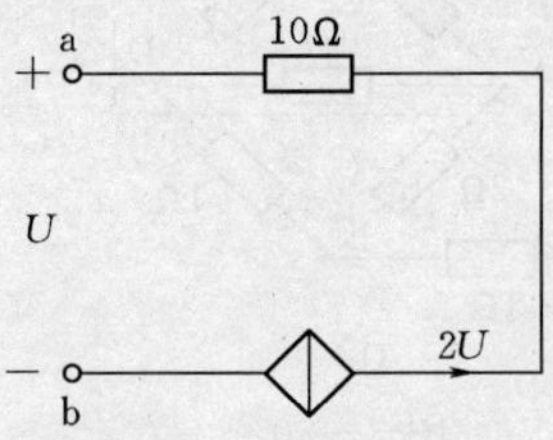

图 2-17

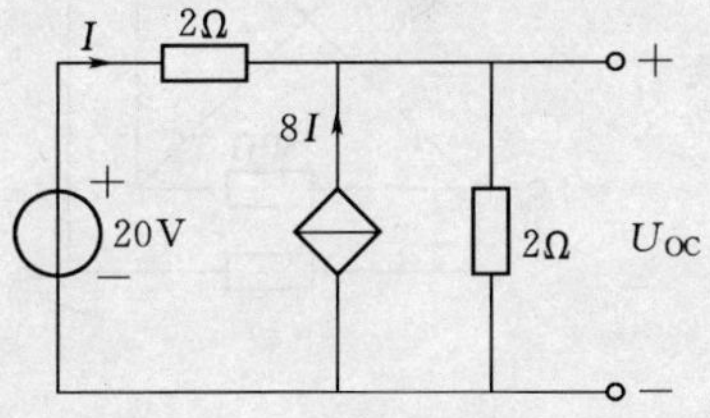

图 2-18

2-27　如图 2-18 所示电路，二端网络的开路电压 U_{OC} 等于（　　）V。

A. 15　　　　　　B. 16　　　　　　C. 18　　　　　　D. 22

二、计算题

2-28　求图 2-19 中各电路的等效电阻。

解：(a)

$$R_{ab}=\left[\left(\frac{1}{0.4}+\frac{1}{0.4}\right)//5\right]+5=7.5(\Omega)$$

(b) 该电路左侧四个电阻被短接，所以

$$R_{ab}=1\Omega$$

(c) $R_{ab}=(10//10//10)//[(10//10)+10]=2.73(\Omega)$

(d) 右侧 5Ω 电阻被短接，所以

$$R_{ab}=(10//20//20)+5=10(\Omega)$$

(e) $R_{ab}=\{[(30//30)+15]//30\}+15=30(\Omega)$

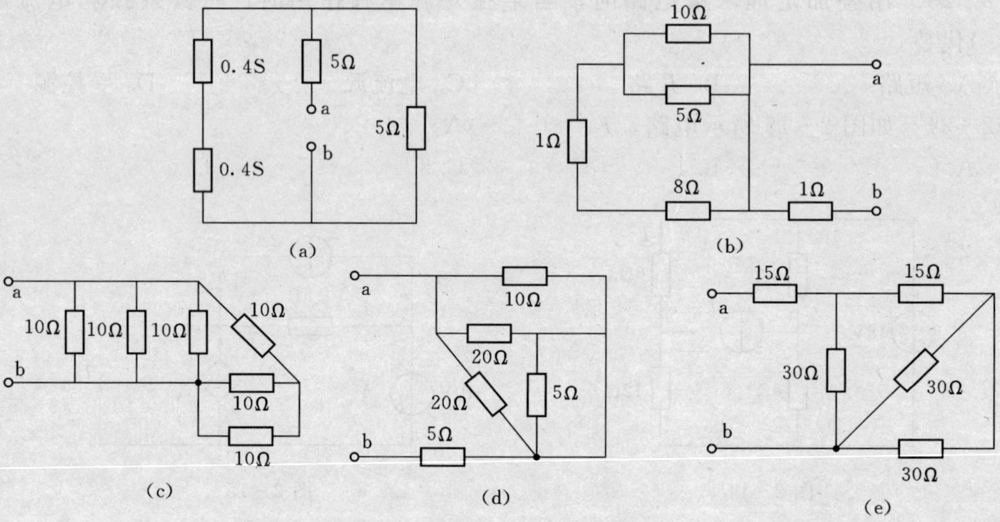

图 2-19

2-29 求图 2-20 中各电路的等效电阻。

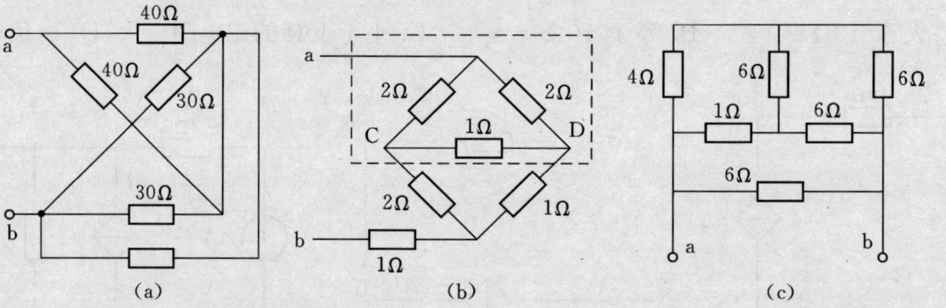

图 2-20

解：(a) 如图 2-21 所示，对图 2-20 (a) 电路进行改画可得

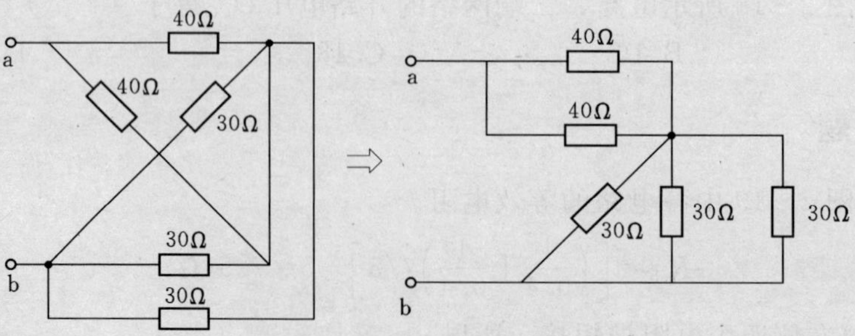

图 2-21

$$R_{ab}=(40//40)+(30//30//30)=30(\Omega)$$

(b) 如图 2-22 所示，将三角形变换为星形可得

$$R_{ab}=2.684\Omega$$

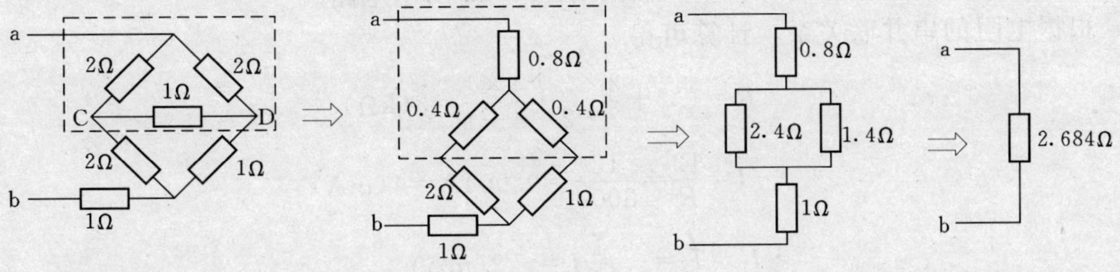

图 2-22

(c) 如图 2-23 所示，经过变换可得

$$R_{ab}=[(4+2)//(1+2)+2]//6=2.4(\Omega)$$

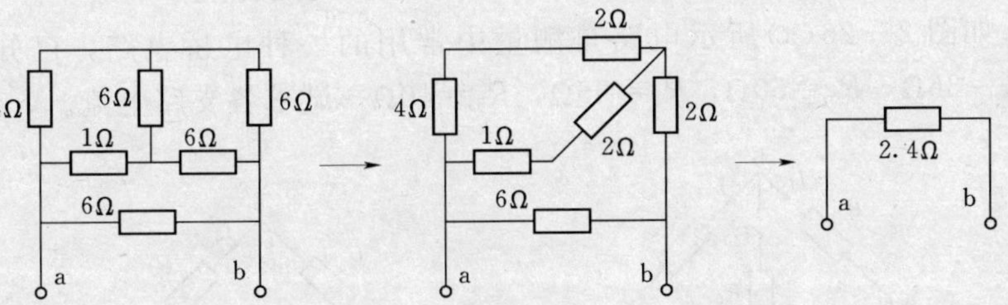

图 2-23

2-30　如图 2-24 所示电路，(1) 求 ab 端的电压 U_{ab}；(2) 如 ab 间用理想导线短接，求短路电流 I_{ab}。

解：(1) 根据串并联关系可求得 cd 两端电压为

$$U_{cd}=12\times\frac{(2+4)//(2+1)}{1.2+[(2+4)//(2+1)]}=7.5(\text{V})$$

假设 d 点的电位为 0V，c 点的电位就是 7.5V，则

$$\varphi_a=U_{cd}\times\frac{4}{2+4}=7.5\times\frac{4}{2+4}=5(\text{V})$$

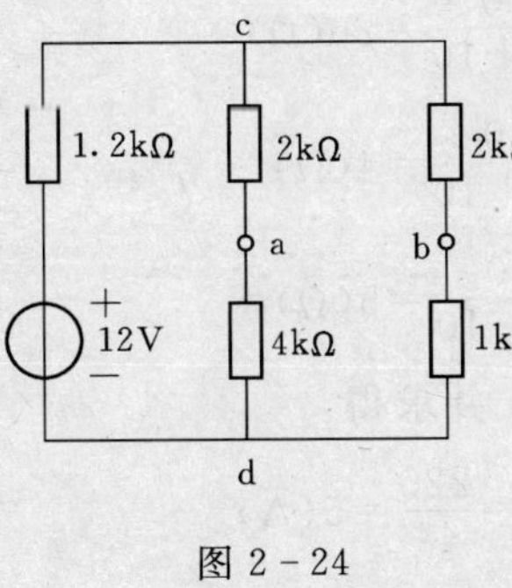

图 2-24

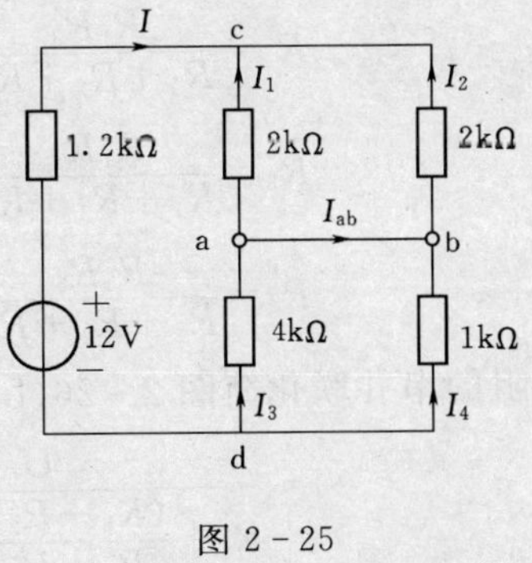

图 2-25

$$\varphi_b = U_{cd} \times \frac{1}{2+1} = 7.5 \times \frac{1}{2+1} = 2.5 \text{ (V)}$$

$$U_{ab} = \varphi_a - \varphi_b = 5 - 2.5 = 2.5 \text{ (V)}$$

（2）将 ab 间用理想导线短接，可得如图 2－25 所示电路。

根据电阻的串并联关系，计算可得

$$R = 1.2 + \frac{2\times 2}{2+2} + \frac{4\times 1}{4+1} = 3(\text{k}\Omega)$$

$$I = \frac{12}{R} = \frac{12}{3000} = 0.004\text{A} = 4(\text{mA})$$

$$I_1 = I_2 = -\frac{1}{2}I = -2(\text{mA})$$

$$I_3 = -\frac{1000}{4000+1000}I = -0.8(\text{mA})$$

根据 KCL 可得 a 节点的电流关系为

$$I_{ab} = I_3 - I_1 = -0.8 - (-2) = 1.2(\text{mA})$$

2－31　如图 2－26(a)所示电路是测量中常用的一种电桥电路，已知 $U_S = 220\text{V}$，$R_1 = 40\Omega$，$R_2 = 36\Omega$，$R_3 = 50\Omega$，$R_4 = 55\Omega$，$R_5 = 10\Omega$，试求各支路电流。

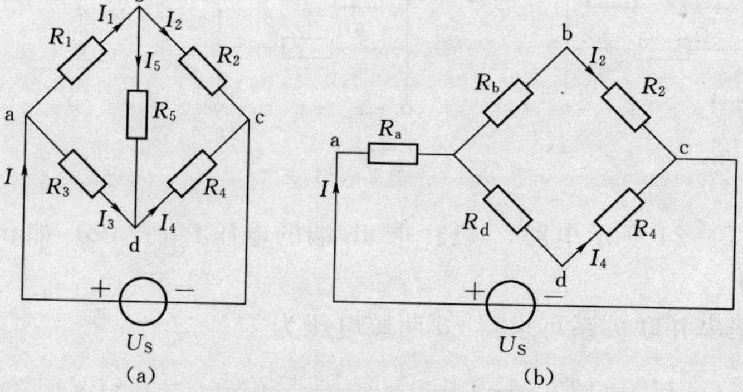

图 2－26

解：电桥电路中的电阻既非串联又非并联，将节点 a、b、d 内的△连接的 R_1、R_3、R_5 用 Y 连接电路替代，原电路变换成图 2－26(b)所示电路。可计算 Y 连接电阻为

$$R_a = \frac{R_1 R_3}{R_1 + R_3 + R_5} = \frac{40\times 50}{40+50+10} = 20(\Omega)$$

$$R_b = \frac{R_1 R_5}{R_1 + R_3 + R_5} = \frac{40\times 10}{40+50+10} = 4(\Omega)$$

$$R_d = \frac{R_3 R_5}{R_1 + R_3 + R_5} = \frac{50\times 10}{40+50+10} = 5(\Omega)$$

然后用电阻的串并联化简图 2－26(b)所示电路，并求得

$$I = \frac{U_S}{R_a + \dfrac{(R_b + R_2)(R_d + R_4)}{R_b + R_2 + R_d + R_4}} = \frac{220}{44} = 5(\text{A})$$

由分流公式得

$$I_2=\frac{R_d+R_4}{R_b+R_2+R_d+R_4}\times I=\frac{5+55}{4+36+5+55}\times 5=3(\text{A})$$

于是
$$I_4=I-I_2=5-3=2(\text{A})$$

为了求得 R_1、R_3、R_5 的电流，可在图 2－26（b）中先求得

$$U_{ab}=R_aI+R_bI_2=20\times 5+4\times 3=112(\text{V})$$

则
$$I_1=\frac{U_{ab}}{R_1}=\frac{112}{40}=2.8(\text{A})$$

在图 2－26(a)中按 KCL 可得

$$I_3=I-I_1=5-2.8=2.2(\text{A})$$

$$I_5=I_1-I_2=2.8-3=-0.2(\text{A})$$

2－32　如图 2－27(a)所示电路，试用电压源与电流源等效变换的方法计算流过 2Ω 电阻的电流。

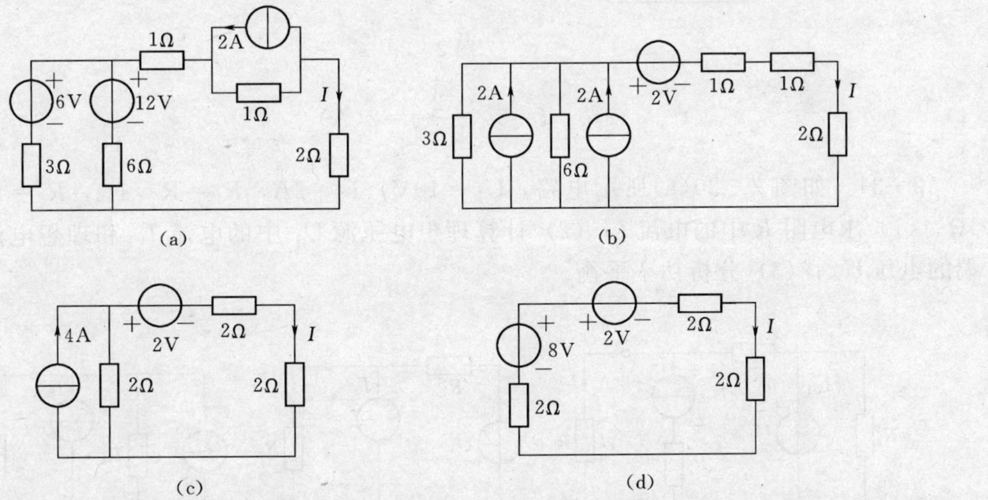

(a)　(b)　(c)　(d)

图 2－27

解：先用电压源与电流源等效变换的方法化简待求支路以外的电路，如图 2－27（b）、（c）、（d）所示，最后得到一个等效的单回路电路，然后直接用欧姆定律求电流 I。

由图 2－27（d）可得

$$I=\frac{8-2}{2+2+2}=1(\text{A})$$

2－33　如图 2－28 所示电路，试用电压源与电流源等效变换的方法计算流过 1Ω 电阻的电流。

解：先用电压源与电流源等效变换的方法化简 1Ω 电阻以外的电路，最后得到一个最简单的等效电路，如图 2－29 所示，然后直接求电流 I。

由电源变换可得

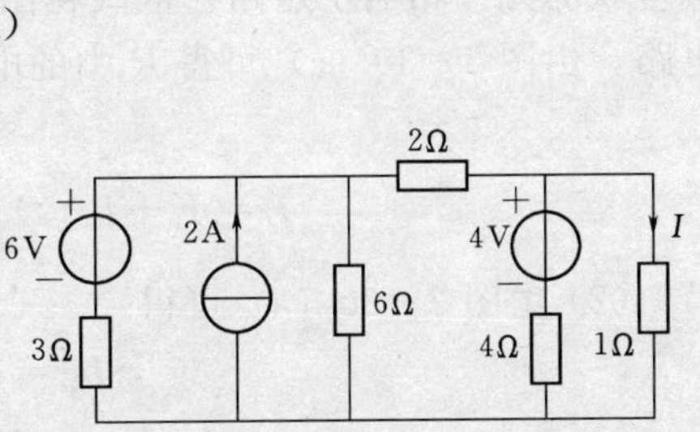

图 2－28

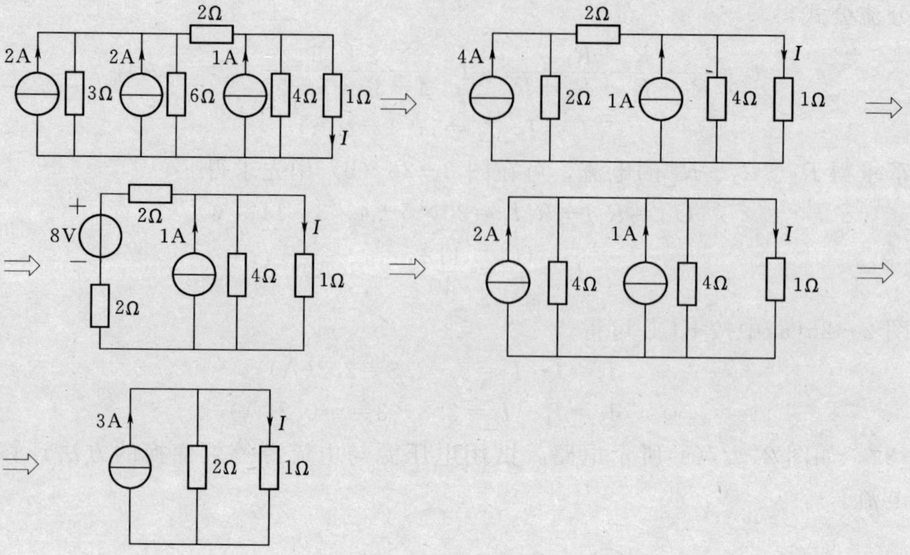

图 2-29

$$I=3\times\frac{2}{2+1}=2(\mathrm{A})$$

2-34　如图 2-30(a)所示电路，$U_1=10\mathrm{V}$，$I_S=2\mathrm{A}$，$R_1=R=1\Omega$，$R_2=2\Omega$，$R_3=5\Omega$。(1) 求电阻 R 中的电流 I；(2) 计算理想电压源 U_1 中的电流 I_{U1} 和理想电流源 I_S 两端的电压 U_{IS}；(3) 分析功率平衡。

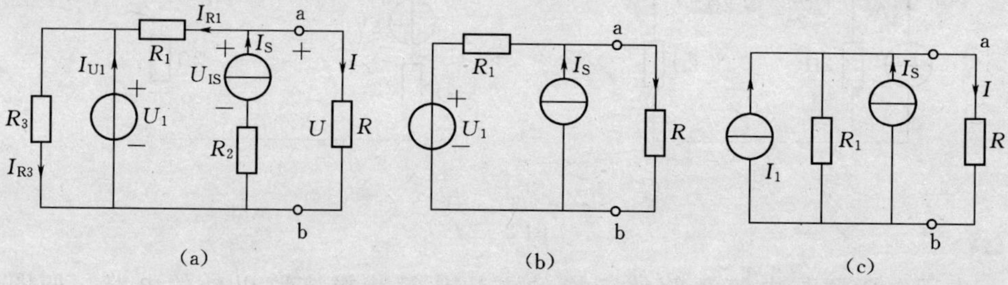

图 2-30

解：(1) 由电源的性质及电源的等效变换（与电压源并联的元件相当于开路，与电流源串联的元件相当于短路）依次将图 2-30 (a) 电路等效变换成图 2-30 (b)、(c) 所示电路，由图 2-30 (c) 可得 R 中的电流为

$$I=(I_1+I_S)\times\frac{R_1}{R+R_1}=\frac{\frac{U_1}{R_1}+I_S}{2}=\frac{10+2}{2}=6(\mathrm{A})$$

(2) 由图 2-30 (a) 可得

$$I_{R1}=I_S-I=2-6=-4(\mathrm{A})$$

$$I_{R3}=\frac{U_1}{R_3}=\frac{10}{5}=2(\mathrm{A})$$

理想电压源中的电流

$$I_{U1}=I_{R3}-I_{R1}=2-(-4)=6(\mathrm{A})$$

理想电流源两端的电压

$$U_{IS}=U+R_2I_S=RI+R_2I_S=1\times6+2\times2=10(\mathrm{V})$$

(3) 由计算可知，本例中理想电压源与理想电流源都是电源。各电源发出的功率分别是

$$P_{U1}=U_1I_{U1}=10\times6=60(\mathrm{W}),\ P_{IS}=U_{IS}I_S=10\times2=20(\mathrm{W})$$

各个电阻所消耗的功率分别是

$$P_R=RI^2=1\times6^2=36(\mathrm{W}),\ P_{R1}=R_1I_{R1}^2=1\times(-4)^2=16(\mathrm{W})$$

$$P_{R2}=R_2I_S^2=2\times2^2=8(\mathrm{W}),\ P_{R3}=R_3I_{R3}^2=5\times2^2=20(\mathrm{W})$$

即 (60+20)W=(36+16+8+20)W，80W=80W，两者平衡。

2-35　如图 2-31 所示电路，求其等效电源模型。

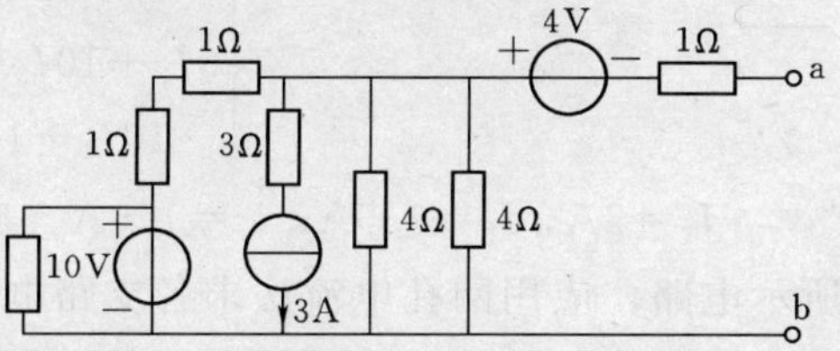

图 2-31

解：(1) 去除对外电路没有影响的元件 5Ω 和 3Ω 电阻，合并电阻为等效电阻，如图 2-32 (a) 所示。

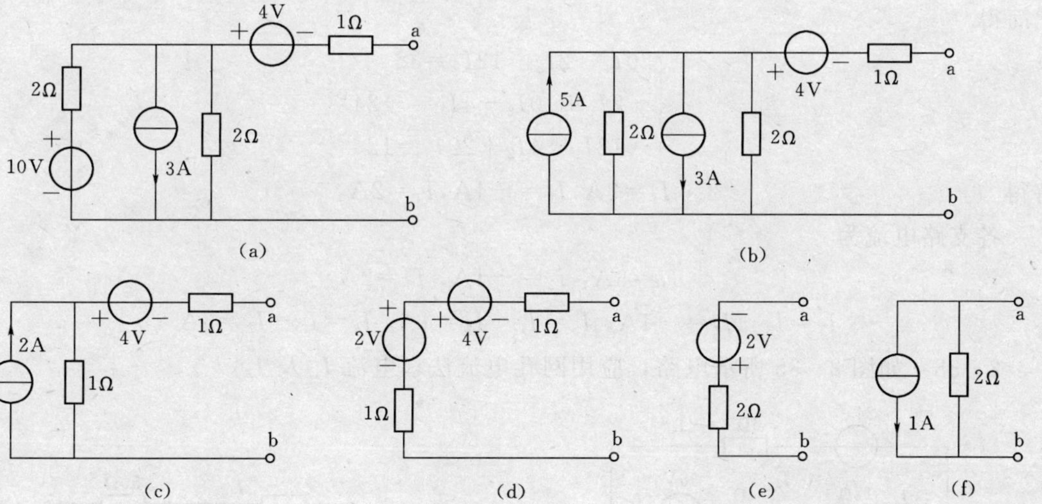

图 2-32

(2) 将电压源串联电阻等效为电流源并联电阻，如图 2-32 (b) 所示。

(3) 合并电流源，合并与电流源并联的电阻，如图 2-32 (c) 所示。

(4) 将电流源并联电阻等效为电压源串联电阻，如图 2-32 (d) 所示。

(5) 合并电压源，合并与电压源串联的电阻，如图 2-32 (e) 所示。

(6) 按题目要求变换为电流源，如图 2-32(f)所示。

2-36　如图 2-33 所示电路，已知 $R_1=5\Omega$，$R_2=R_3=10\Omega$，$U_{S1}=25V$，$U_{S2}=10V$，求支路电流 I_1、I_2、I_3。

解： 电路的独立节点数为$(n-1)$个，本电路只有 1 个独立节点，对节点 a 应用 KCL，有

$$-I_1+I_2+I_3=0$$

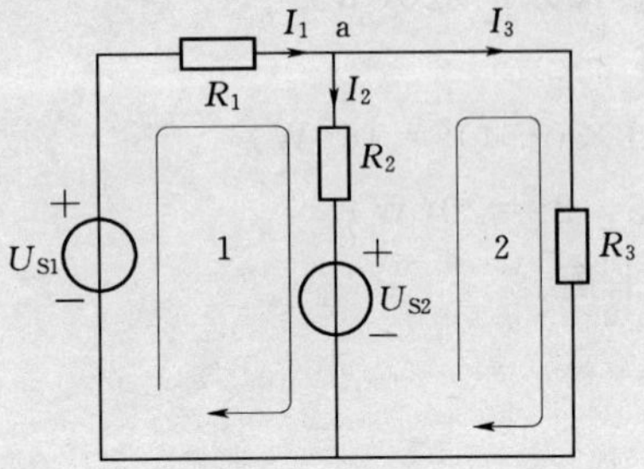

图 2-33

平面电路有几个网孔，就有几个独立回路。对于独立回路应用 KVL，有

回路 1　$R_1I_1+R_2I_2=U_{S1}-U_{S2}$

回路 2　$-R_2I_2+R_3I_3=U_{S2}$

联立以上三式，并代入数值有

$$\begin{cases}-I_1+I_2+I_3=0\\5I_1+10I_2=25-10\\-10I_2+10I_3=10\end{cases}$$

解得　$I_1=2A$，$I_2=0.5A$，$I_3=1.5A$

2-37　如图 2-34 所示电路，应用网孔电流法求各支路电流。

解： 指定网孔电流 I_1、I_2、I_3 的参考方向如图 2-34 所示，分别列出网孔方程

$$\begin{cases}(6+12+2)I_1-2I_2-12I_3=50-12\\-2I_1+(2+4+4)I_2-4I_3=12-36\\-12I_1-4I_2+(6+4+12)I_3=36-24\end{cases}$$

化简得

$$\begin{cases}20I_1-2I_2-12I_3=38\\-2I_1+10I_2-4I_3=-24\\-12I_1-4I_2+22I_3=12\end{cases}$$

解得　$I_1=3A, I_2=-1A, I_3=2A$

各支路电流为

$$I_1=3A,\ I_2=-1A,\ I_3=2A$$

$$I_4=I_3-I_1=-1A,\ I_5=I_1-I_2=4A,\ I_6=I_3-I_2=3A$$

2-38　如图 2-35 所示电路，应用网孔电流法求电流 I_1 及 I_2。

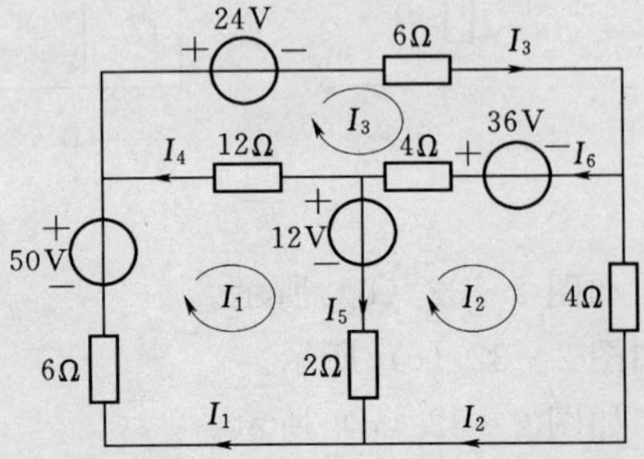

图 2-34

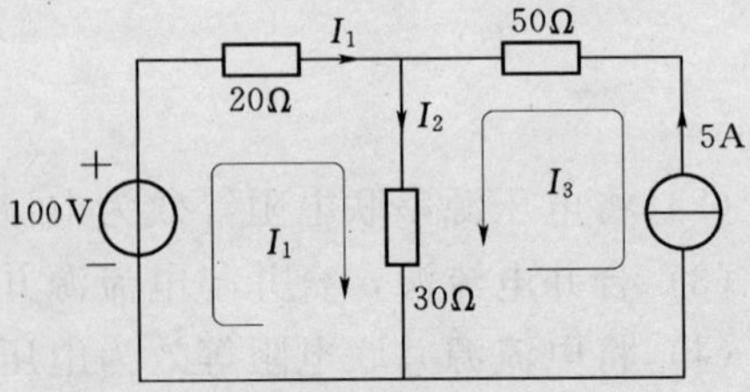

图 2-35

解：指定网孔电流 I_1、I_3 的参考方向如图 2-35 所示，分别列出网孔方程

$$\begin{cases}(20+30)I_1+30I_3=100\\ I_3=5\text{A}\\ I_2=I_1+I_3\end{cases}$$

解得 $$I_1=-1\text{A},\ I_2=4\text{A},\ I_3=5\text{A}$$

2-39　如图 2-36 所示电路，应用网孔电流法求各支路电流。

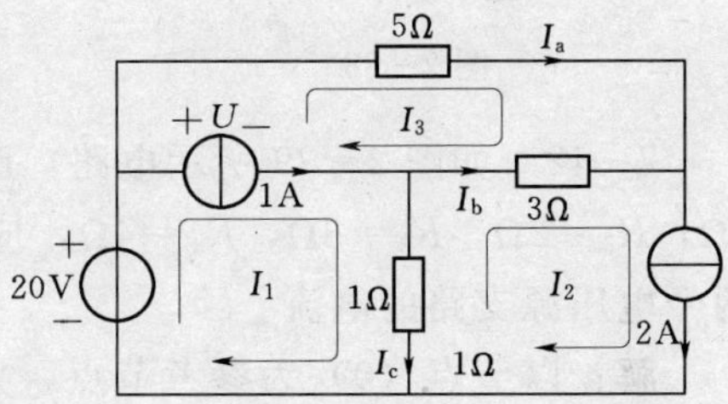

图 2-36

解：指定网孔电流 I_1、I_2、I_3 的参考方向如图 2-36 所示，2A 电流源中只有一个网孔电流 I_2 流过，并且方向相同，所以 $I_2=2\text{A}$ 为已知量，不必列出这个网孔的方程。

设 1A 电流源的电压为 U，将其作为变量，其参考方向如图 2-36 所示，列出 I_1、I_3 的网孔方程为

$$\begin{cases}1I_1-1I_2=20-U\\ -3I_2+(5+3)I_3=U\end{cases}$$

其中 $I_2=2\text{A}$，I_1、I_3、U 为未知量，但电流源 1A 的电流为已知量，得补充方程

$$I_1-I_3=1$$

联立求解得

$$I_1=4\text{A},I_3=3\text{A},U=18\text{V}$$

各支路电流为

$$I_a=I_3=3\text{A},\ I_b=I_2-I_3=-1\text{A},\ I_c=I_1-I_2=2\text{A}$$

2-40　如图 2-37 所示电路，应用回路电流法求解图示电路中电压 U_0。

解：回路电流如图 2-37 所示，因为 3A 电流源仅与回路 1 相关，即有 $I_1=3\text{A}$，其余两回路的方程为

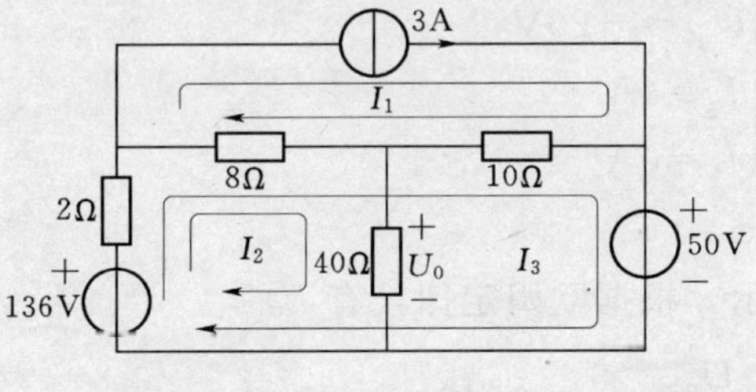

图 2-37

$$\begin{cases}-8I_1+50I_2+10I_3=136\\ -18I_1+10I_2+20I_3=136-50=86\end{cases}$$

把 $I_1=3\text{A}$ 代入两个方程中，加以整理得

$$\begin{cases}50I_2+10I_3=160\\ 10I_2+20I_3=140\end{cases}$$

解得 $$I_2=2\text{A}$$

从而待求电压为

$$U_0=40I_2=40\times2=80(\text{V})$$

2-41　如图 2-38 所示电路，试用节点法求支路的电流。

解：以节点(0) 为参考节点，应用节点电压法分别对节点(1)、(2) 列写节点电压方程，有

节点(1) $$\left(1+\frac{1}{2}\right)U_{n1}-\frac{1}{2}U_{n2}=3$$

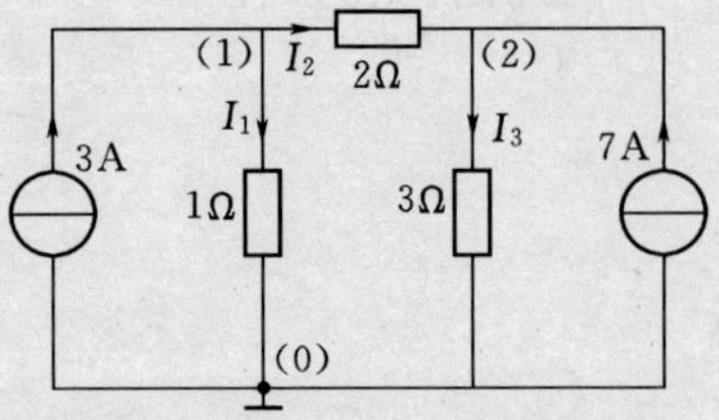

图 2-38

节点(2)　　$-\frac{1}{2}U_{n1}+\left(\frac{1}{2}+\frac{1}{3}\right)U_{n2}=7$

解得　　$U_{n1}=6\text{V}，U_{n2}=12\text{V}$

各支路电流为

$$I_1=\frac{U_{n1}}{1}=\frac{6}{1}=6(\text{A}),I_3=\frac{U_{n2}}{3}=\frac{12}{3}=4(\text{A})$$

$$I_2=\frac{U_{n1}-U_{n2}}{2}=\frac{6-12}{2}=-3(\text{A})$$

2-42　如图 2-39 所示电路，已知 $U_{S1}=23\text{V}$，$U_{S2}=5\text{V}$，$I_{S1}=5\text{A}$，$I_{S2}=1\text{A}$，$R_1=1\Omega$，$R_2=2\Omega$，$R_3=3\Omega$，$R_4=4\Omega$，应用节点电压法求各节点电压、各电阻支路的电流及两个电压源支路的电流。

解：以节点（0）为参考节点，并设分别流过两个理想电压源的电流为 I_a、I_b。应用节点电压法分别对节点(1)、(2)、(3)、(4) 列写节点电压方程，有

节点(1)　　$\frac{1}{R_1}U_{n1}=I_{S1}-I_a$

节点(2)　　$\frac{1}{R_2}U_{n2}=I_a-I_{S2}$

节点(3)　　$\frac{1}{R_3}U_{n3}=I_{S2}+I_b$

节点(4)　　$\frac{1}{R_4}U_{n4}=-I_b-I_{S1}$

辅助方程　　$U_{n2}-U_{n1}=U_{S2}，U_{n3}-U_{n4}=U_{S1}$

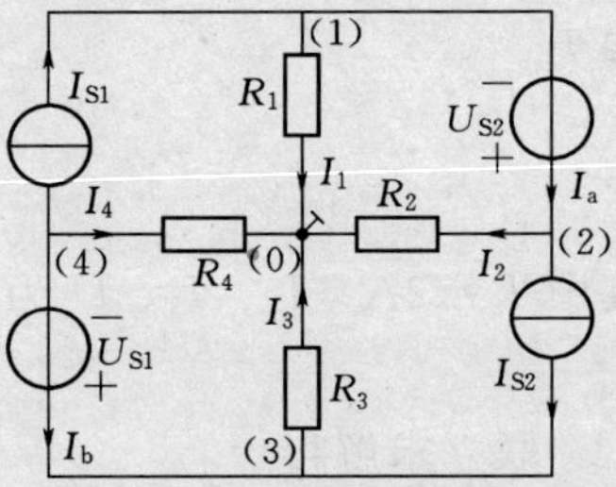

图 2-39

对于上述方程代入数值，有

$$\begin{cases}U_{n1}=5-I_a\\ \frac{1}{2}U_{n2}=I_a-1\\ \frac{1}{3}U_{n3}=1+I_b\\ \frac{1}{4}U_{n4}=-I_b-5\\ U_{n2}-U_{n1}=5\\ U_{n3}-U_{n4}=23\end{cases}\Rightarrow\begin{cases}U_{n1}=1\text{V}\\ U_{n2}=6\text{V}\\ U_{n3}=3\text{V}\\ U_{n4}=-20\text{V}\\ I_a=4\text{A}\\ I_b=0\text{A}\end{cases}$$

选定各电阻支路电流参考方向如图 2-39 所示，根据欧姆定律，有

$$I_1=\frac{U_{n1}}{R_1}=\frac{1}{1}=1(\text{A}),I_2=\frac{U_{n2}}{R_2}=\frac{6}{2}=3(\text{A})$$

$$I_3=\frac{U_{n3}}{R_3}=\frac{3}{3}=1(\text{A}),I_4=\frac{U_{n4}}{R_4}=\frac{-20}{4}=-5(\text{A})$$

2-43　如图 2-40 所示电路，已知 $R_1=R_2=R_3=10\Omega$，$U_{S1}=10\text{V}$，$U_{S2}=20\text{V}$，$I_{S1}=I_{S2}=1\text{A}$，应用节点电压法按给定节点写出节点电压方程，并求出 U_{n1}、U_{n2}、I_1。

解：由于已知 $U_{n1}=10\text{V}$，所以可不必对节点（1）写方程，故有

节点(2)　$\left(\frac{1}{R_2}+\frac{1}{R_3}\right)U_{n2}-\frac{1}{R_2}U_{n1}=I_{S1}+\frac{U_{S2}}{R_3}+I_{S2}$

（R_1 与电流源串联，看做短路）

即　$-0.1U_{n1}+0.2U_{n2}=4$

解得　$U_{n2}=25\text{V}$

各支路电流为

$$I_2=\frac{U_{n2}-U_{n1}}{R_2}=\frac{25-10}{10}=1.5(\text{A})$$

$$I_1=I_{S1}-I_2=1-1.5=-0.5(\text{A})$$

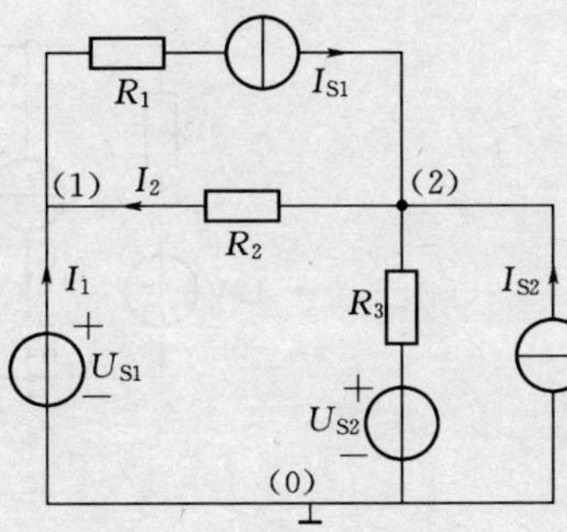

图 2-40

2-44　列出图 2-41（a）、（b）中电路的节点电压方程。

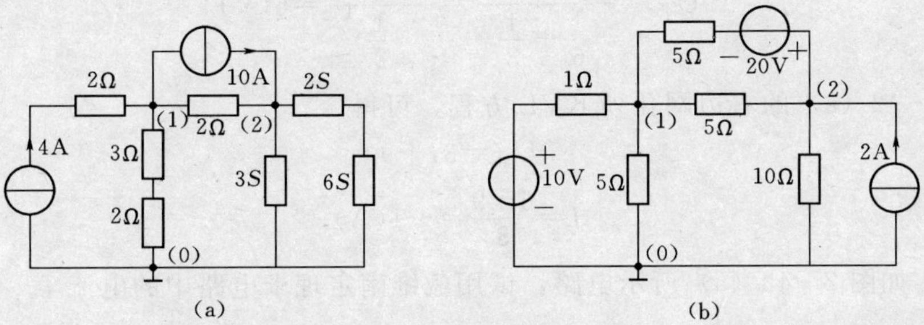

图 2-41

解：对图 2-41（a）列节点电压方程

$$\begin{cases}\left(\frac{1}{2}+\frac{1}{3+2}\right)U_{n1}-\frac{1}{2}U_{n2}=4-10\\-\frac{1}{2}U_{n1}+\left(\frac{1}{2}+3+\frac{1}{\frac{1}{2}+\frac{1}{6}}\right)U_{n2}=10\end{cases}$$

整理得
$$\begin{cases}0.7U_{n1}-0.5U_{n2}=-6\\-0.5U_{n1}+5U_{n2}=10\end{cases}$$

对图 2-41(b)列节点电压方程

$$\begin{cases}\left(1+\frac{1}{5}+\frac{1}{5}+\frac{1}{5}\right)U_{n1}-\left(\frac{1}{5}+\frac{1}{5}\right)U_{n2}=\frac{10}{1}-\frac{20}{5}\\-\left(\frac{1}{5}+\frac{1}{5}\right)U_{n1}+\left(\frac{1}{5}+\frac{1}{5}+\frac{1}{10}\right)U_{n2}=2+\frac{20}{5}\end{cases}$$

整理得
$$\begin{cases}1.6U_{n1}-0.4U_{n2}=6\\-0.4U_{n1}+0.5U_{n2}=6\end{cases}$$

2-45　如图 2-42（a）所示电路，以 b 点为参考点，用弥尔曼方程求 U_{ab}，并求电流 I。

解：先将图 2-42（a）中的电压源串联电阻等效成为图 2-42(b)中的电流源并联电

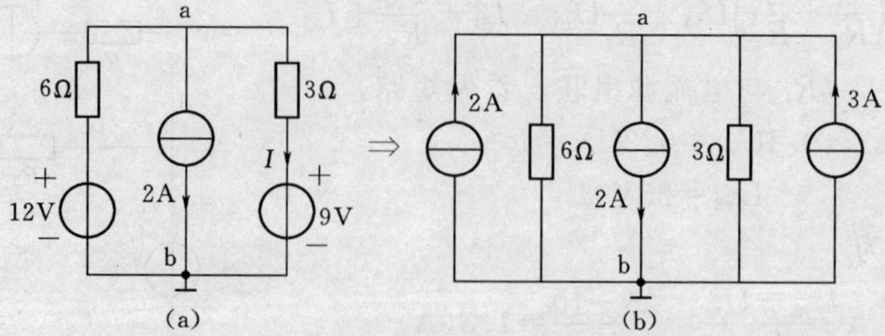

图 2-42

阻，再利用弥尔曼求得 a 点的节点电压

$$U_{ab}=\frac{\frac{12}{6}+\frac{9}{3}-2}{\frac{1}{6}+\frac{1}{3}}=\frac{2+3-2}{\frac{1}{2}}=6(\mathrm{V})$$

在图 2-42（a）的右边网孔列 KVL 方程，可得

$$U_{ab}=3I+9$$

代入数值，得 $$I=\frac{6-9}{3}=-1(\mathrm{A})$$

2-46　如图 2-43（a）所示电路，试用戴维南定理求电路中的电流 I。

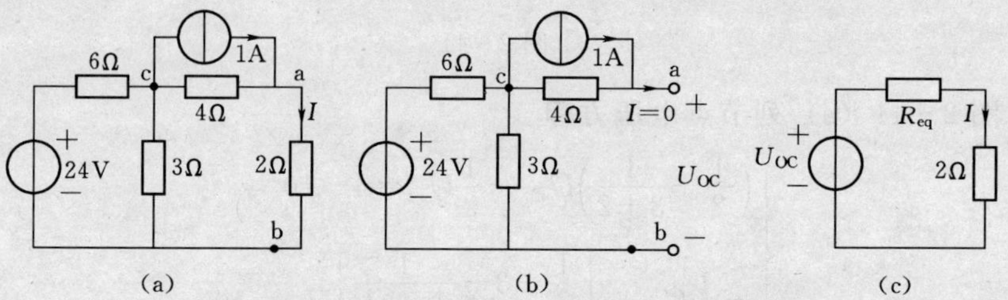

图 2-43

解：先将被求支路的电阻移开，得到图 2-43(b)，求其开路电压 U_{OC}，有

$$U_{OC}=1\times4+\frac{3}{6+3}\times24=12(\mathrm{V})$$

求左侧二端网络的等效电阻 R_{eq}，得

$$R_{eq}=(6//3)+4=\frac{6\times3}{6+3}+4=6(\Omega)$$

画出戴维南等效电路，重新接上 2Ω 的电阻，如图 2-43(c)所示，得

$$I=\frac{U_{OC}}{2+R_{eq}}=\frac{12}{2+6}=1.5(\mathrm{A})$$

2-47　如图 2-44（a）所示电路，已知 $R_1=4\Omega$，$R_2=2\Omega$，$R_3=5\Omega$，$R_4=10\Omega$，$R_5=8\Omega$，$R_6=2\Omega$，$U_{S1}=U_{S2}=40\mathrm{V}$，运用戴维南定理求通过 R_3 的电流 I_3。

解：求解时分两个步骤进行。

（1）应用戴维南定理把左边(U_{S1}，R_1)支路和(U_{S2}，R_2)支路组成的二端网络用戴维

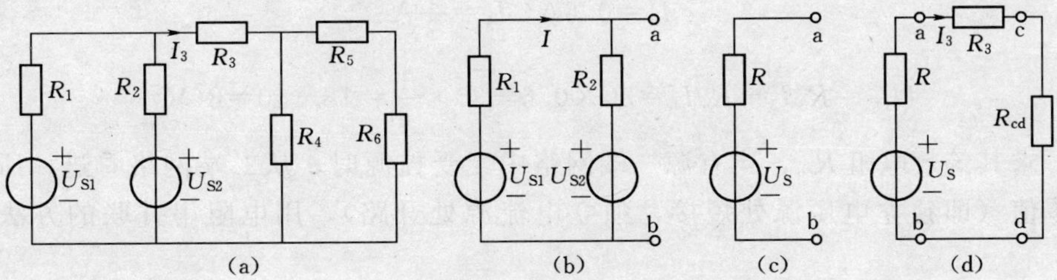

图 2-44

南等效电路置换，如图 2-44(b)、(c)所示。其中

$$R=R_1//R_2=\frac{R_1R_2}{R_1+R_2}=1.33(\Omega)$$

$$U_S=U_{OC}=R_2I+U_{S2}=\frac{R_2}{R_1+R_2}(U_{S1}-U_{S2})+U_{S2}=40(\text{V})$$

(2) 求电阻 R_4、R_5、R_6 组成的右边二端网络的等效电阻

$$R_{cd}=\frac{R_4(R_5+R_6)}{R_4+R_5+R_6}=5(\Omega)$$

(3) 可简化为图 2-44(c)所示电路，通过电阻 R_3 的电流为

$$I_3=\frac{U_S}{R+R_3+R_{cd}}=3.53(\text{A})$$

2-48 如图 2-45 (a) 所示电路，已知 $R_1=R_2=10\Omega$，$R_3=R_4=30\Omega$，$R_5=60\Omega$，$I_{S1}=1\text{A}$，$I_{S2}=2\text{A}$，$U_{S1}=30\text{V}$，求从 a、b 端看进的戴维南等效电路。

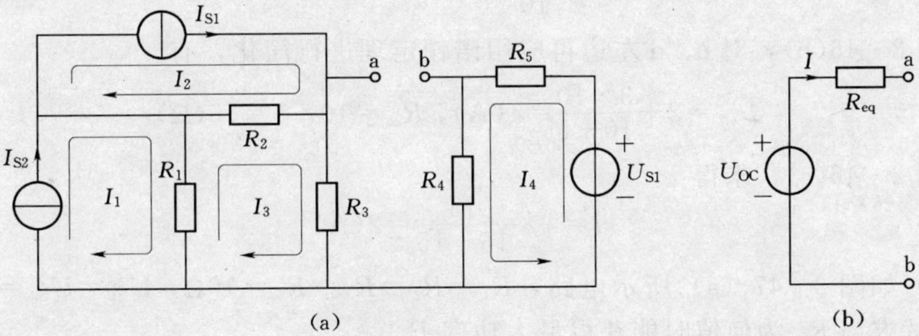

图 2-45

解：(1) 求开路电压 U_{OC}，应用网孔电流法，有

网孔 1　　$I_1=I_{S2}=2\text{A}$

网孔 2　　$I_2=I_{S1}=1\text{A}$

网孔 3　　$-R_1I_1-R_2I_2+(R_1+R_2+R_3)I_3=0$

网孔 4　　$(R_4+R_5)I_4=U_{S1}$

代入数值，有

$$-10\times2-10\times1+50\times I_3=0$$

$$90\times I_4=30$$

解得 $$I_3=0.6\text{A}，I_4=\frac{1}{3}\text{A}$$

故 $$U_{OC}=R_3I_3-R_4I_4=30\times0.6-30\times\frac{1}{3}=18-10=8(\text{V})$$

(2) 求其等效电阻 R_{eq}，当有源二端网络中无受控源时，从二端网络看进，所有独立源置于零值（即独立电压源处短接，独立电流源处开路），用电阻串并联的方法进行求解，有

$$R_{eq}=\frac{(R_1+R_2)R_3}{R_1+R_2+R_3}+\frac{R_4R_5}{R_4+R_5}=\frac{20\times30}{50}+\frac{30\times60}{30+60}=12+20=32(\Omega)$$

得戴维南等效电路如图 2-45(b)所示。

2-49 如图 2-46 (a) 所示电路，试用诺顿定理求 15Ω 电阻中的电流。

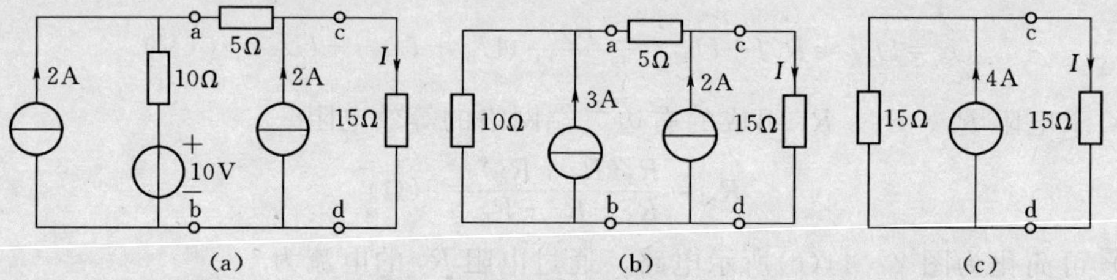

图 2-46

解： 如果只用一次诺顿定理直接求含独立源的二端口网络 c、d 的等效电路，计算短路电流比较麻烦。在这种情况下，可以分两步应用诺顿定理，先对 a、b 左边进行简化，求出

$$I_{SC1}=2+\frac{10}{10}=3(\text{A}),R_{ab}=10(\Omega)$$

于是得到图 2-46(b)，对 c、d 左边再应用诺顿定理进行简化，有

$$I_{SC2}=2+\frac{3\times10}{10+5}=4(\text{A})，R_{cd}=10+5=15(\Omega)$$

最后得到图 2-46(c)，求得

$$I=4\times\frac{15}{15+15}=2(\text{A})$$

2-50 如图 2-47 (a) 所示电路，$R_1=R_2=R_3=R_4=10\Omega$，$U_{S1}=U_{S2}=U_{S3}=10\text{V}$，$I_{S1}=1\text{A}$，试求当 R_L 为何值时能获得最大功率 P_{max}。

解： 先将 R_L 断开，得到图 2-47(b)。

(1) 对图 2-47(b)，求其开路电压 U_{OC}，有

$$U_{OC}=-U_{S2}+R_1I_S+U_{S1}=-10+10\times1+10=10(\text{V})$$

(2) 求其等效电阻 R_{eq}，从二端网络 a、b 看进，使有源二端网络内所有的独立源置零（即独立电压源处短接，独立电流源处开路），如图 2-47(c)所示，则有

$$R_{eq}=R_1=10\Omega$$

得其戴维南等效电路如图 2-47(d)所示。

当 $R_L=R_{eq}=10\Omega$ 时，R_L 能获得最大功率

$$P_{max}=\frac{U_{OC}^2}{4R_L}=\frac{10^2}{4\times10}=2.5(\text{W})$$

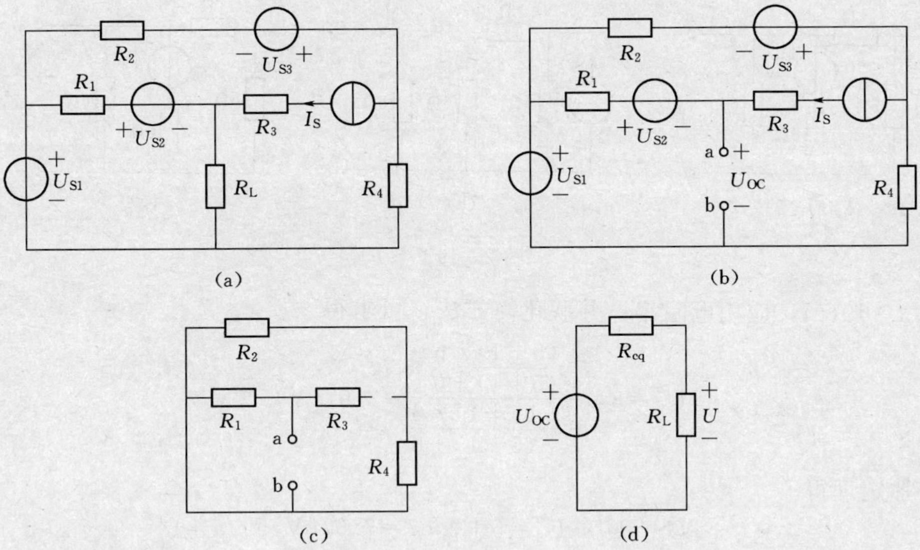

图 2-47

2-51　求图 2-48 所示梯形电路中的支路电流 I_5。

解： 此电路是简单电路，可以用电阻的串并联的方法化简，求出总电流，再由电流、电压分配公式求出电流 I_5。但这样很烦琐。为此，可应用齐性定理采用“倒推法”计算。先给定 I_5 一个假定值。

假设 $I'_5=1\text{A}$，则

$$U'_4=U'_5+U'_6=1+1=2(\text{V})$$

$$I'_4=2\text{A}, I'_3=I'_4+I'_5=2+1=3(\text{A})$$

$$U'_3=3\text{V}, U'_2=U'_3+U'_4=3+2=5(\text{V})$$

$$I'_2=5\text{A}, I'_1=I'_2+I'_3=5+3=8(\text{A})$$

$$U'_1=8\text{V}, U'_{ab}=U'_1+U'_2=8+5=13(\text{V})$$

以上推算表明：$U'_{ab}=13\text{V}$ 时，$I'_5=1\text{A}$。

响应与激励之间的比例系数为

$$H=\frac{I'_5}{U'_{ab}}=\frac{1}{13}$$

则 $U_{ab}=10\text{V}$ 时的响应为

$$I_5=HU_{ab}=\frac{1}{13}\times10=0.769(\text{A})$$

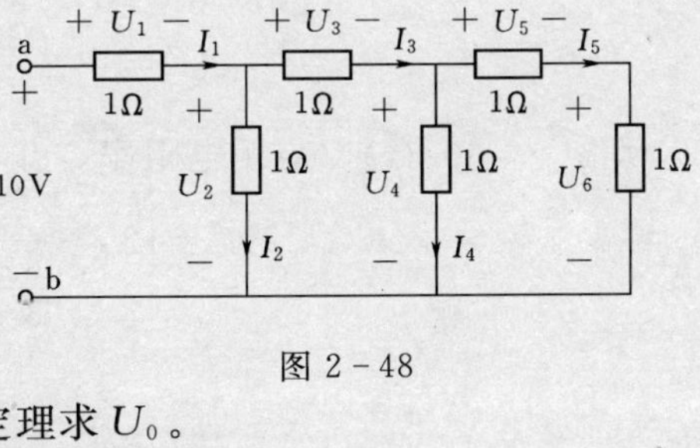

图 2-48

2-52　如图 2-49（a）所示电路，应用叠加定理求 U_0。

解： 画出两个电源分别作用的分电路如图 2-49(b)、(c)所示。

对图 2-49(b)应用电阻串、并联化简方法，可求得

$$U'_0=3\times\frac{5}{5+\left(1+\frac{1}{2}\times6\right)}\times\frac{1}{2}\times6=5(\text{V})$$

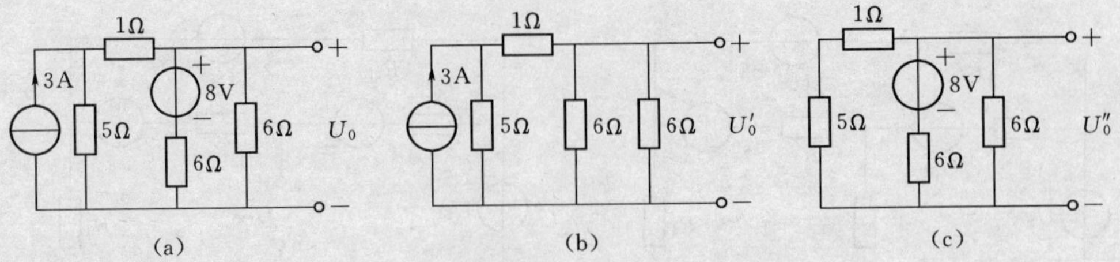

图 2-49

对图 2-49(c)，应用电阻串、并联化简方法，可求得

$$U_0''=8\times\frac{\frac{(5+1)\times6}{(5+1)+6}}{6+\frac{(5+1)\times6}{(5+1)+6}}=2.67(\text{V})$$

由叠加定理得

$$U_0=U_0'+U_0''=5+2.67=7.67(\text{V})$$

2-53　如图 2-50（a）所示电路，应用叠加定理求 I 和 U。

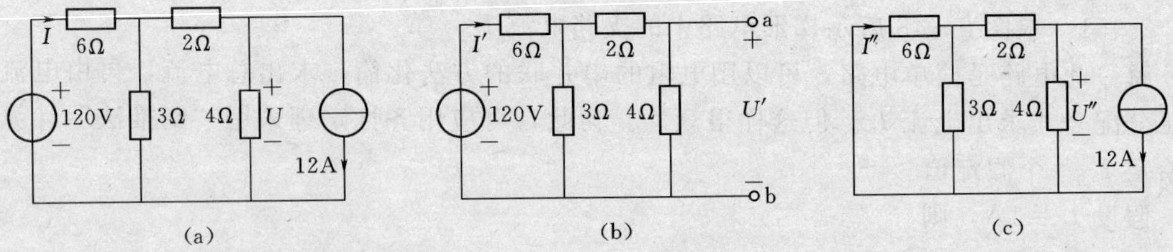

图 2-50

解：画出两个电源分别作用的分电路如图 2-50(b)、(c)所示。

对图 2-50(b)有

$$I'=\frac{120}{6+\frac{3\times(2+4)}{3+2+4}}=\frac{120}{8}=15(\text{A})$$

$$U'=15\times\frac{3}{3+2+4}\times4=20(\text{V})$$

对图 2-50（c），应用电阻串、并联化简方法，可求得

$$I''=12\times\frac{4}{\left(\frac{3\times6}{3+6}+2\right)+4}\times\frac{3}{3+6}=2(\text{A})$$

$$U''=-12\times[(3//6)+2]//4=-12\times\frac{\left(\frac{3\times6}{3+6}+2\right)\times4}{\left(\frac{3\times6}{3+6}+2\right)+4}=-24(\text{V})$$

由叠加定理，原电路的 I 和 U 为

$$I=I'+I''=17\text{A},\ U=U'+U''=-4\text{V}$$

2-54　如图 2-51(a) 所示电路，应用叠加定理求电压 U。

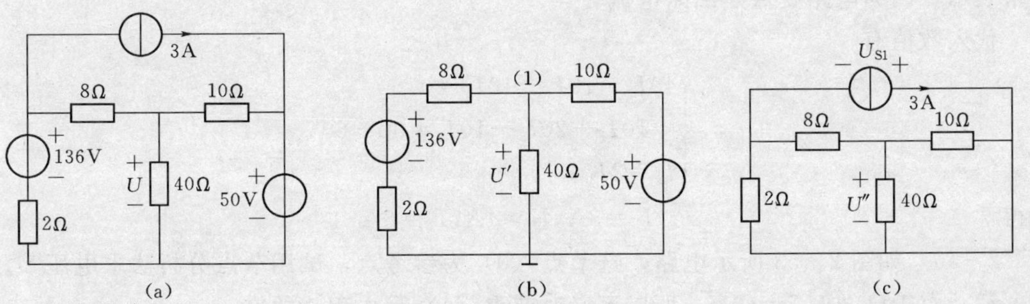

图 2-51

解：画出电源分别作用的分电路如图 2-51(b)、(c) 所示。

对图 2-51(b) 应用节点电压法有

$$\left(\frac{1}{8+2}+\frac{1}{40}+\frac{1}{10}\right)U_{n1}=\frac{136}{8+2}+\frac{50}{10}$$

即
$$0.225U_{n1}=18.6$$

解得
$$U'=U_{n1}=\frac{18.6}{0.225}=\frac{248}{3}(\text{V})$$

对图 2-51(c)，应用电阻并联化简方法，可求得

$$U_{S1}=3\times\frac{2\times\left(8+\frac{10\times40}{10+40}\right)}{\left(8+\frac{10\times40}{10+40}\right)+2}=3\times\frac{32}{18}=\frac{16}{3}(\text{V})$$

得
$$U''=\frac{-U_{S1}}{2}=-\frac{16}{3}\times\frac{1}{2}=-\frac{8}{3}(\text{V})$$

由叠加定理，原电路的 U 为

$$U=U'+U''=\frac{248}{3}-\frac{8}{3}=\frac{240}{3}=80(\text{V})$$

2-55　如图 2-52 所示电路，$R_1=20\Omega$，$R_2=R_3=R_4=R_5=10\Omega$，$U_{S1}=30\text{V}$，$U_{S2}=60\text{V}$，应用回路法按给定回路求各回路电流。

解：此平面电路有三个网孔，故有三个独立回路，选定回路电流为 I_1、I_2、I_3。回路电流的参考方向如图 2-52 所示。

对于每一个独立回路以回路电流为电路变量，应用 KVL 写回路方程，有

回路 1　$(R_1+R_2+R_4)I_1-R_2I_2-R_4I_3=0$

回路 2　$-R_2I_1+(R_2+R_3)I_2-R_3I_3=U_{S1}-U_{S2}$

回路 3　由于回路 3 的回路电流被受控电流源的电流所限定，所以有

$$I_3=2I_0=2I_2$$

注意：在列写回路电流方程时，把受控电源当作独立电源一样写出方程，但受控电源的控制量一定要用回路电

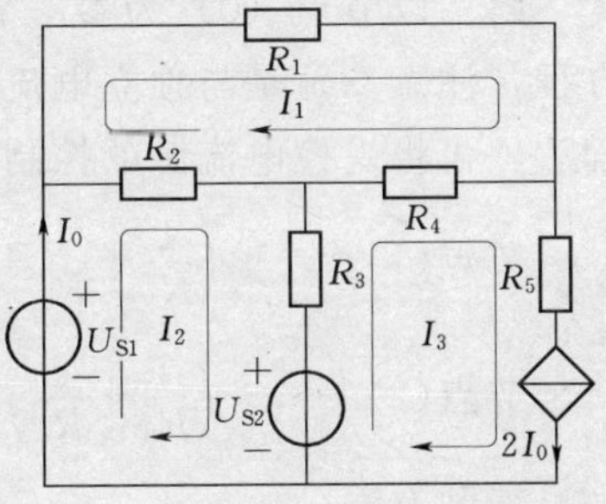

图 2-52

流来表示，因为电路变量是回路电流。

代入数值有

$$\begin{cases}40I_1-10I_2-10I_3=0\\-10I_1+20I_2-10I_3=30-60\\I_3=2I_2\end{cases}$$

解得 $$I_1=3\text{A},I_2=4\text{A},I_3=8\text{A}$$

2-56 如图2-53所示电路，选节点（0）为参考点，试用节点分析法求电压U。

解：由于已知$U_{n1}=50\text{V}$，所以不必对节点（1）写方程，故有

节点(2) $$U_{n2}=15I$$

节点(3) $$\left(\frac{1}{5}+\frac{1}{4}+\frac{1}{20}\right)U_{n3}-\frac{1}{5}U_{n1}-\frac{1}{4}U_{n2}=0$$

辅助方程 $$U=U_{n3}=20I$$

整理得 $$\begin{cases}\frac{1}{2}\times20I-\frac{1}{5}\times50-\frac{1}{4}\times15I=0\\U=20I\end{cases}$$

解得 $$I=1.6\text{A},U=32\text{V}$$

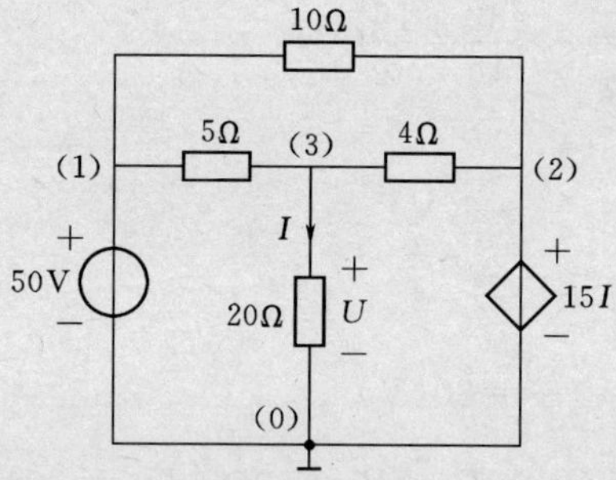

图 2-53

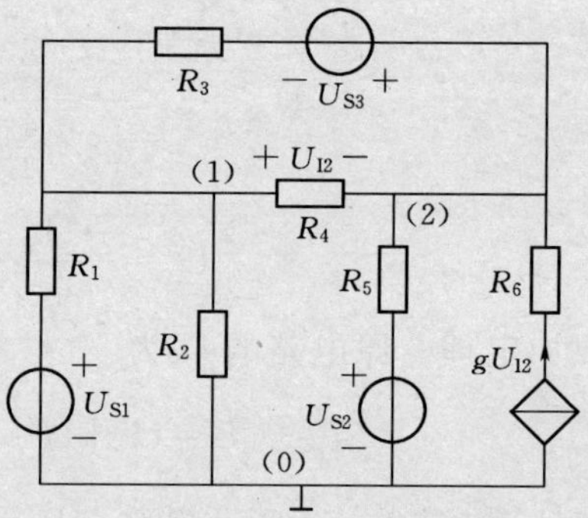

图 2-54

2-57 如图2-54所示电路，已知$R_1=R_2=R_3=R_4=10\Omega$，$R_5=R_6=5\Omega$，$U_{S1}=U_{S2}=20\text{V}$，$U_{S3}=10\text{V}$，受控源VCCS的控制系数$g=0.2\text{S}$，求节点电压U_{n1}、U_{n2}。

解：以节点（0）为参考节点，应用节点电压法分别对节点(1)、(2) 列写出节点电压方程，注意，凡是与独立电流源和受控电流源串联的电阻一律不予考虑，写出节点电压方程后，再将受控电流源的控制量用节点电压来表示，故有

节点(1) $$\left(\frac{1}{R_1}+\frac{1}{R_2}+\frac{1}{R_3}+\frac{1}{R_4}\right)U_{n1}-\left(\frac{1}{R_3}+\frac{1}{R_4}\right)U_{n2}=\frac{U_{S1}}{R_1}-\frac{U_{S3}}{R_3}$$

节点(2) $$-\left(\frac{1}{R_3}+\frac{1}{R_4}\right)U_{n1}+\left(\frac{1}{R_3}+\frac{1}{R_4}+\frac{1}{R_5}\right)U_{n2}=\frac{U_{S2}}{R_5}+\frac{U_{S3}}{R_3}+gU_{12}$$

辅助方程 $$U_{12}=U_{n1}-U_{n2}$$

代入数值，有

$$\begin{cases}\left(\frac{1}{10}+\frac{1}{10}+\frac{1}{10}+\frac{1}{10}\right)U_{n1}-\left(\frac{1}{10}+\frac{1}{10}\right)U_{n2}=\frac{20}{10}-\frac{10}{10}\\-\left(\frac{1}{10}+\frac{1}{10}\right)U_{n1}+\left(\frac{1}{10}+\frac{1}{10}+\frac{2}{10}\right)U_{n2}=\frac{20}{5}+\frac{10}{10}+0.2(U_{n1}-U_{n2})\end{cases}$$

解得 $$U_{n1}=10\text{V}, U_{n2}=15\text{V}$$

2-58　如图 2-55（a）所示电路，试求图示有源二端网络的戴维南等效电路。

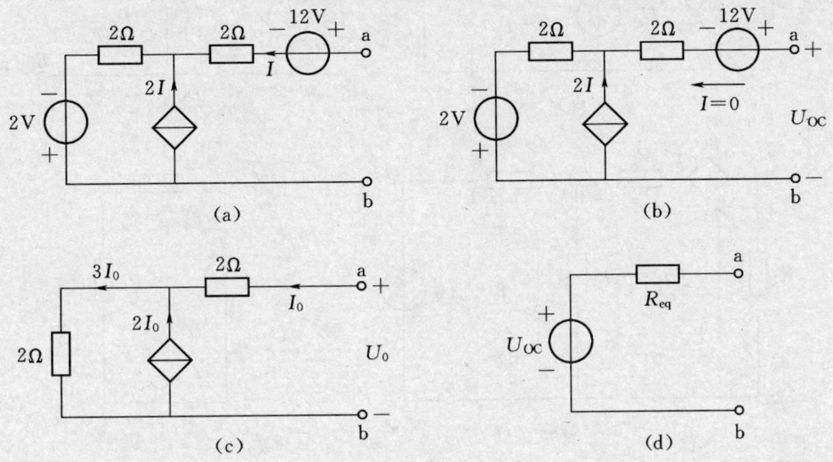

图 2-55

解：先将 ab 开路，于是开路电流 $I=0$，$2I=0$，得到图 2-55(b)。

（1）求开路电压 U_{OC}，有

$$U_{OC}=12+2I+2(I+2I)-2=10\text{V}$$

（2）求其等效电阻 R_{eq}，使有源二端网络内所有的独立源置零（即独立电压源处短接，独立电流源处开路），受控源保留不动，这时给二端网络的端口加一电压 U_0，如图 2-55(c)所示，得到端口电流为 I_0，于是可以得到

$$U_0=2I_0+2(I_0+2I_0)=8I_0$$

于是可得 $$R_{eq}=\frac{U_0}{I_0}=8\Omega$$

故原有源二端网络的戴维南等效电路如图 2-55(d)所示。

2-59　如图 2-56（a）所示电路，已知 $R_1=R_2=R_3=10\Omega$，$R_4=5\Omega$，$U_{S1}=20\text{V}$，$U_{S2}=10\text{V}$，试求当 R_L 为何值时，R_L 能获得最大功率 P_{max}。

解：先将 R_L 断开，得到图 2-56(b)。

（1）求开路电压 U_{OC}，应用回路电流法，有

回路 1 $$I_1=0.2U$$

回路 2 $$-R_2I_1+(R_1+R_2+R_3)I_2=U_{S1}-U_{S2}$$

控制量 $$U=R_3I_2$$

代入数值有 $$-10\times0.2\times(10\times I_2)+30\times I_2=20-10$$

解得 $$I_2=1\text{A}$$

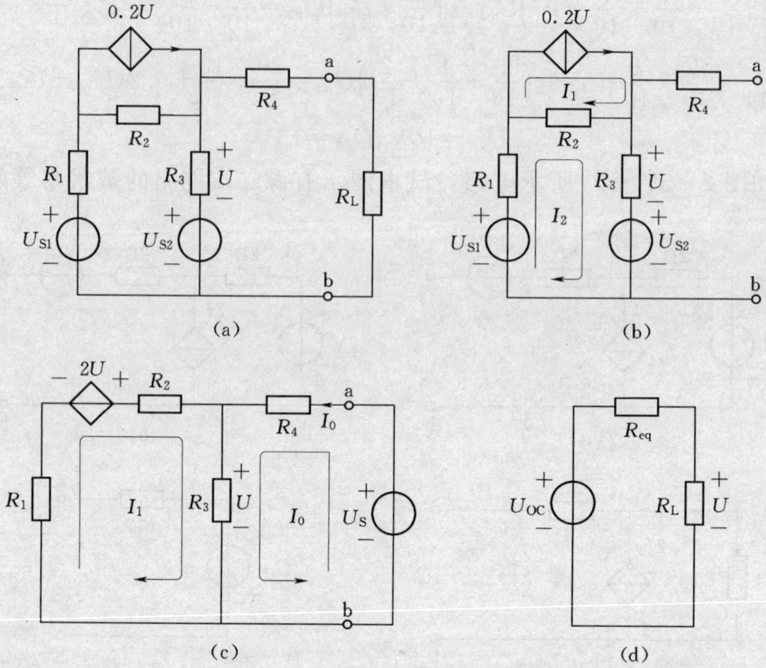

图 2-56

$$U_{OC}=R_3I_2+U_{S2}=10+10=20(\text{V})$$

(2) 求其等效电阻 R_{eq}，由于有源二端网络中有受控源，使有源二端网络内所有的独立源置零（即独立电压源处短接，独立电流源处开路），受控源保留不动，为了计算方便，将受控电流源与电阻的并联组合对外变换为受控电压源与电阻的串联组合，这时给二端网络的端口加一独立电压源，如图 2-56(c)所示，应用网孔电流法，有

回路 1 $$(R_1+R_2+R_3)I_1+R_3I_0=2U$$

回路 2 $$R_3I_1+(R_3+R_4)I_0=U_S$$

控制量 $$U=R_3(I_1+I_0)$$

代入数值有
$$\begin{cases}30I_1+10I_0=2\times10(I_1+I_0)\\10I_1+15I_0=U_S\end{cases}$$

解得 $$I_1=I_0$$

故 $$R_{eq}=\frac{U_S}{I_0}=25\Omega$$

原电路戴维南等效电路如图 2-56(d)所示。

当 $R_L=R_{eq}=25\Omega$ 时，可获得的最大功率为

$$P_{max}=\frac{U_{OC}^2}{4R_L}=\frac{20^2}{4\times25}=4(\text{W})$$

第 3 章　正弦稳态电路的计算

一、选择题

3-1　已知 $i(t)=20\sqrt{2}\sin(628t-240°)$ A，则电流的初相为（　　）。

A. $-240°$　　B. $-120°$　　C. $120°$　　D. $240°$

3-2　已知 $i(t)=10\sqrt{2}\sin(314t-30°)$ A，若将其参考方向反过来，则电流 i 的表达式为（　　）A。

A. $i(t)=10\sqrt{2}\sin(314t+30°)$　　B. $i(t)=10\sqrt{2}\sin(314t+150°)$

C. $i(t)=10\sqrt{2}\sin(314t-150°)$　　D. $i(t)=10\sqrt{2}\sin(314t-210°)$

3-3　正弦交流电从零值到最大值的一半的最短时间为（　　）。

A. $\frac{T}{2}$　　B. $\frac{T}{3}$　　C. $\frac{T}{6}$　　D. $\frac{T}{12}$

3-4　图 3-1 所示正弦电流波形的函数表达式为（　　）A。

A. $i=20\sin\left(314t+\frac{2}{3}\pi\right)$

B. $i=20\sin\left(314t-\frac{2}{3}\pi\right)$

C. $i=20\sin\left(314t-\frac{\pi}{3}\right)$

D. $i=20\sin\left(314t+\frac{\pi}{3}\right)$

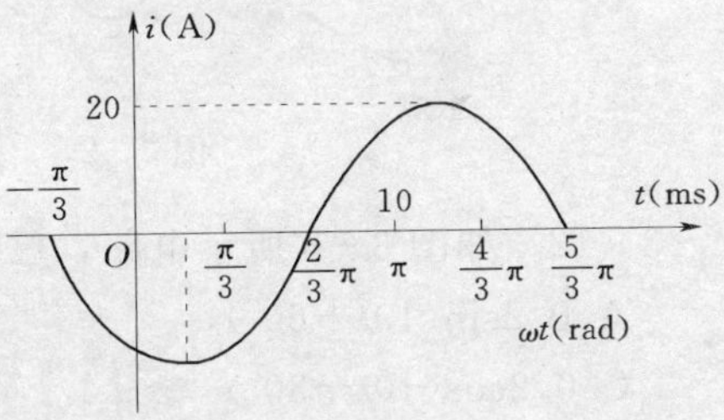

图 3-1

3-5　设两电流分别为 $i_1=20\sin\left(314t+\frac{3\pi}{4}\right)$ A，$i_2=50\sin\left(314t-\frac{\pi}{2}\right)$ A，则电流 i_1 对 i_2 的相位差为（　　）。

A. 超前 $\frac{\pi}{4}$ rad　　B. 滞后 $\frac{3\pi}{4}$ rad

C. 滞后 $\frac{\pi}{4}$ rad　　D. 超前 $\frac{3\pi}{4}$ rad

3-6　若某电压的相量表达式为 $\dot{U}=(-6+j8)$ V，则其瞬时值表达式为（　　）V。

A. $10\sqrt{2}\cos(\omega t+36.9°)$　　B. $10\sqrt{2}\sin(\omega t-126.9°)$

C. $10\sin(\omega t+53.1°)$　　D. $10\sqrt{2}\sin(\omega t-53.1°)$

3-7 若 $\dot{I}_1=4\angle 60^\circ$ A，$\dot{I}_2=3\angle 330^\circ$ A，则 $\dot{I}_1+\dot{I}_2$ 为（　　）A。

A. $5\angle 83.1^\circ$　　B. $5\angle 6.9^\circ$　　C. $5\angle -36.9^\circ$　　D. $5\angle 23.1^\circ$

3-8 若 $u_1=8\sqrt{2}\sin(\omega t+60^\circ)$ V，$u_2=6\sqrt{2}\sin(\omega t-30^\circ)$ V，则电压 u_1+u_2 为（　　）V。

A. $10\sqrt{2}\sin(\omega t+90^\circ)$　　B. $10\sqrt{2}\sin(\omega t+30^\circ)$

C. $10\sqrt{2}\sin(\omega t+23^\circ)$　　D. $14\sqrt{2}\sin(\omega t+30^\circ)$

3-9 如图 3-2 所示电路，若 $i_1=12\sqrt{2}\sin(\omega t-45^\circ)$ A，$i_2=16\sqrt{2}\sin(\omega t+45^\circ)$ A，则电流表读数为（　　）A。

A. 28　　B. 20　　C. 4　　D. $4\sqrt{2}$

3-10 电阻元件的电压电流取关联参考方向时，下列关系中正确的是（　　）。

A. $I=\dfrac{u}{R}$　　B. $i=\dfrac{U}{R}$

C. $i=\dfrac{u}{R}$　　D. $\dot{U}=R\dot{I}\angle\varphi_i$

3-11 电感元件的电压电流取关联参考方向时，下列关系中正确的是（　　）。

A. $\dot{U}=\mathrm{j}X_L\dot{I}$　　B. $u=\omega Li$　　C. $\dot{U}=L\dfrac{\mathrm{d}\dot{I}}{\mathrm{d}t}$　　D. $u=\mathrm{j}\omega Li$

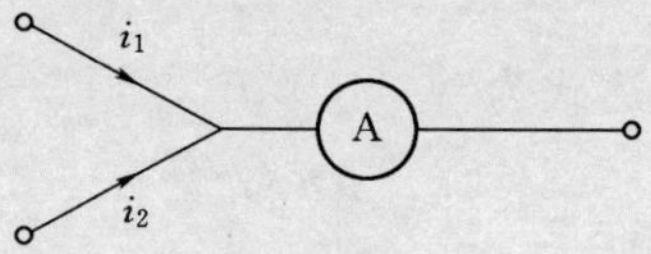

图 3-2

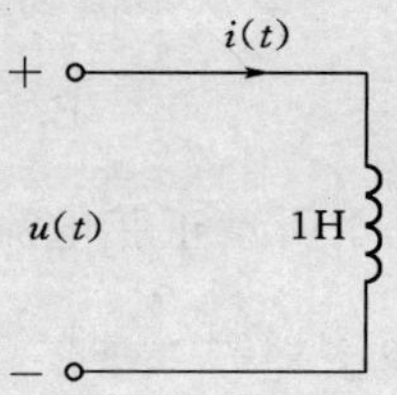

图 3-3

3-12 如图 3-3 所示电路，已知 $u(t)=2\sin(10t+60^\circ)$ V，则电流 $i(t)$ 为（　　）A。

A. $0.2\sin(10t+60^\circ)$　　B. $2\sin(10t+30^\circ)$

C. $0.2\cos(10t-30^\circ)$　　D. $0.2\sin(10t-30^\circ)$

3-13 当加在纯电感线圈的电压瞬时值为最大值时，通过线圈的瞬时电流值为（　　）。

A. 最大值　　B. 最小值　　C. 不确定　　D. 零

3-14 下列有关电感功率计算式中正确的是（　　）。

A. $p=U_m I_m \sin\omega t$　　B. $P=UI=I^2X_L=\dfrac{U^2}{X_L}$

C. $Q_L=U_m I_m$　　D. $Q_L=UI=I^2X_L=\dfrac{U^2}{X_L}$

3-15 电容元件的电压电流取关联参考方向时，下列关系中正确的是（　　）。

A. $u=X_C i$　　B. $\dot{I}=\mathrm{j}\omega C\dot{U}$　　C. $I=\dfrac{U}{C}$　　D. $i=\omega Cu$

3-16　已知电容 $C=1F$，选择其电压 u 与电流 i 为关联参考方向，u 的变化规律如图 3-4 所示，则电流 i 的变化规律为下图中的哪一个？（　　）。

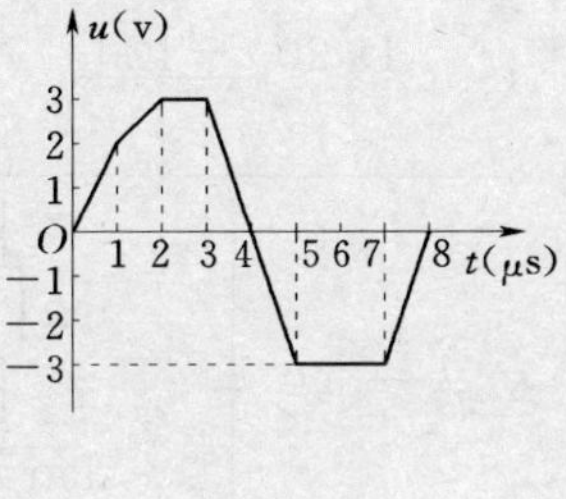

图 3-4

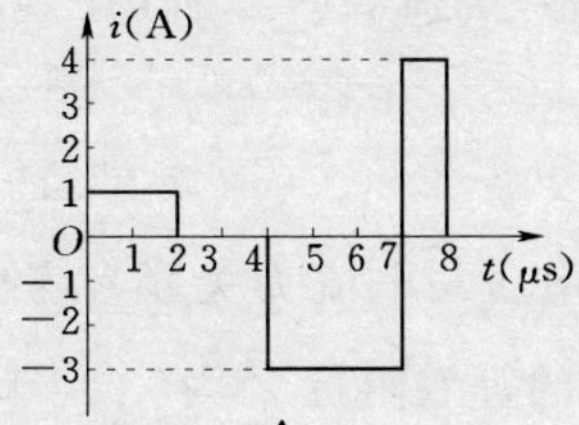

A

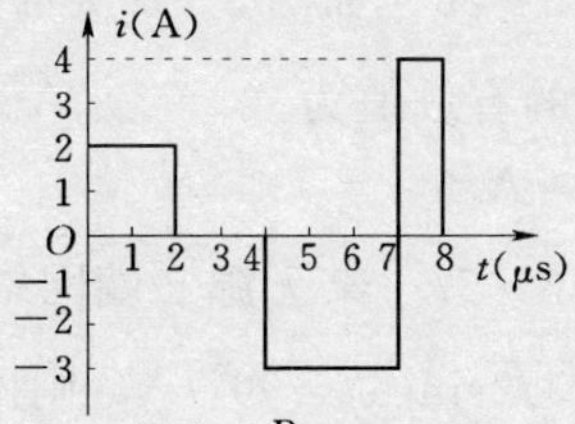

B

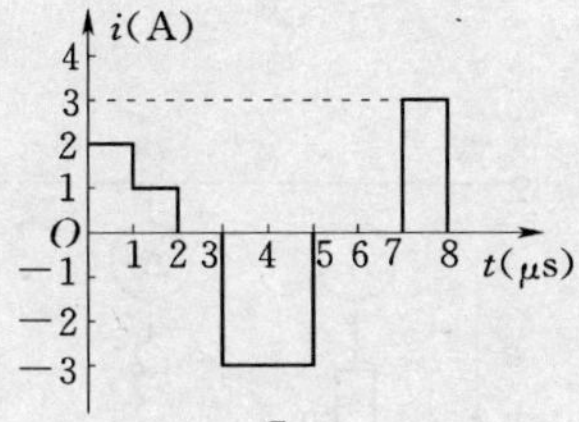

C

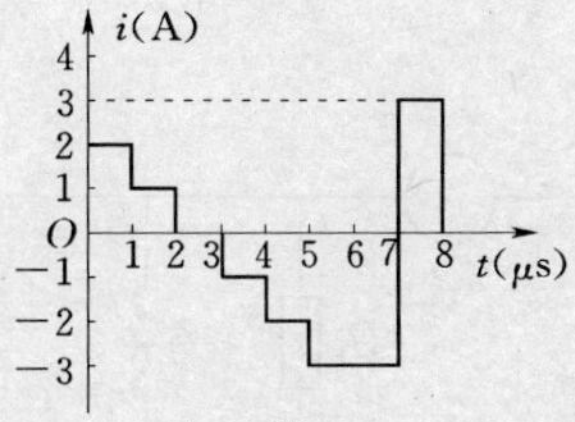

D

3-17　若频率为 f 时电路的一个感抗等于一个容抗，则当频率为 $f/2$ 时，该感抗为容抗的（　　）。

A. 2 倍　　B. $\frac{1}{4}$　　C. $\frac{1}{2}$　　D. 4 倍

3-18　RL 串联正弦电路中，若已知 $U=2U_L$，则电压与电流的相位差为（　　）。

A. 30°　　B. 60°　　C. 45°　　D. −45°

3-19　RLC 串联正弦电路中，若已知 $U_R=2U_L=3U_C=6V$，则总电压 U 为（　　）V。

A. 11　　B. 9　　C. 6.1　　D. 5

3-20　RL 串联电路，当 $X_L=\sqrt{3}R$ 时，电感电压超前于总电压的相位差为（　　）。

A. 30°　　B. 60°　　C. −60°　　D. −30°

3-21　若线圈与电容 C 串联，测得线圈电压 $U_L=100V$，电容电压 $U_C=60V$，且在关联参考方向下端电压与电流同相，则端电压为（　　）V。

A. 40　　B. 80　　C. 160　　D. 116.6

3-22　RLC 串联电路接至正弦交流电源，其中 $X_L=40\Omega$，在电源电压不变的情况下将电感短路，若电路电流的有效值也不变，则 X_C 为（　　）Ω。

A. 0　　B. 10　　C. 20　　D. 40

3-23　把 3Ω 电阻与 4Ω 电容并联接到 12V 正弦电压源时，总电流为（　　）A。

A. 3　　B. 2.4　　C. 5　　D. 7

3-24　把 4Ω 电阻与 3Ω 电容并联接到 $\dot{I}=1\angle 0°$A 正弦电流源时，则电阻电流 $\dot{I}_R$ 为（　　）A。

A. $0.8\angle 53.1°$　　B. $0.6\angle 53.1°$

C. $0.8\angle -36.9°$　　D. $0.6\angle 36.9°$

3-25　如图 3-5 所示正弦电流电路，开关 S 闭合后，如 $B_C < B_L$，电流表读数将(　　)。

A. 增大　　B. 减少　　C. 不变　　D. 不能确定

3-26　如图 3-6 所示电路，电流表Ⓐ₁、Ⓐ₂、Ⓐ₃的读数分别为 3A、5A、1A，电流 i 的有效值为（　　）A。

A. 9　　B. 7　　C. 1　　D. 5

3-27　某无源二端网络的电压与电流为关联参考方向，$u=200\sqrt{2}\sin(\omega t+210°)$V，$i=10\sqrt{2}\sin(\omega t-90°)$A，则网络的等效阻抗 Z 为(　　)Ω。

A. $20\angle -60°$　　B. $20\angle 60°$　　C. $20\angle 120°$　　D. $20\angle -120°$

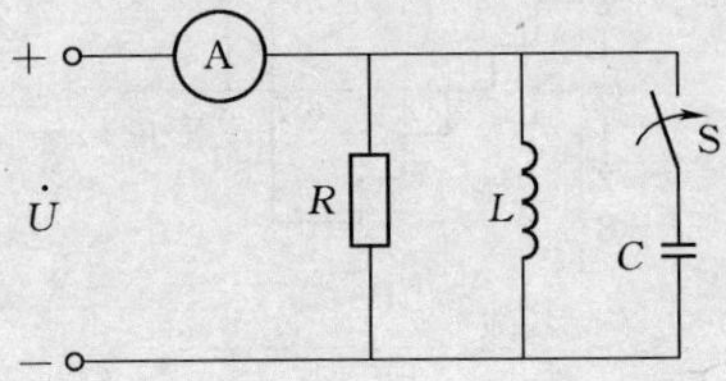

图 3-5

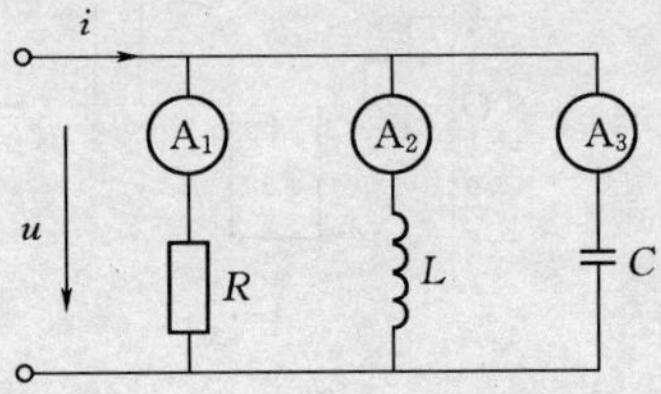

图 3-6

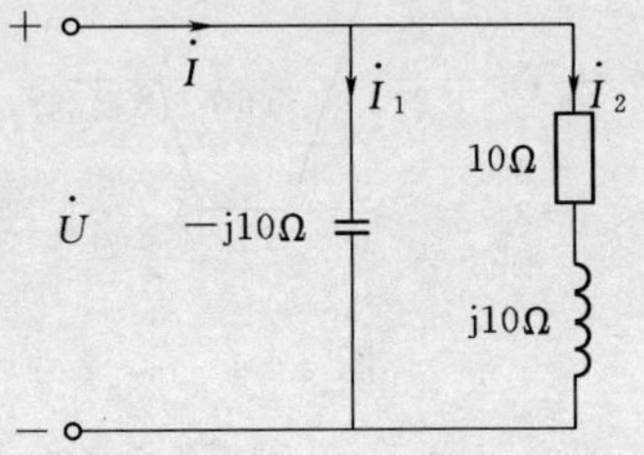

图 3-7

3-28　如图 3-7 所示电路，若电流 I 为 1A，则电流 I_2 为（　　）A。

A. 0.5　　B. 1　　C. $\sqrt{2}$　　D. 2

3-29　RL 串联电路接至正弦电压源，若在电感两端并联一电容，则电路总电流 i 的有效值将（　　）。

A. 变大　　B. 变小

C. 不变　　D. 不能确定如何变化

3-30　图 3-8 所示电路的输入阻抗 Z_i=(　　)Ω。

A. 10+j1　　B. 10　　C. 10+j4　　D. 10+j11

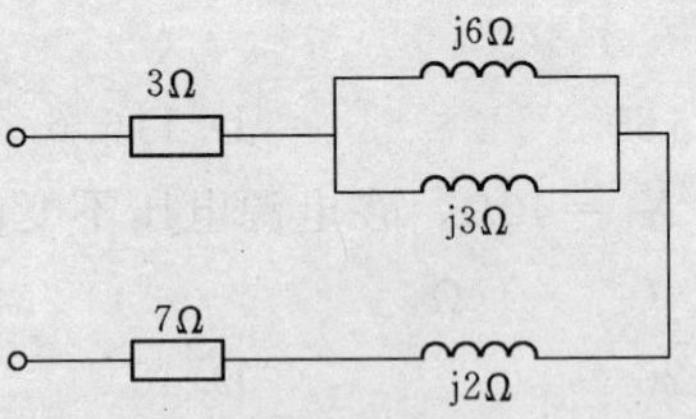

图 3-8

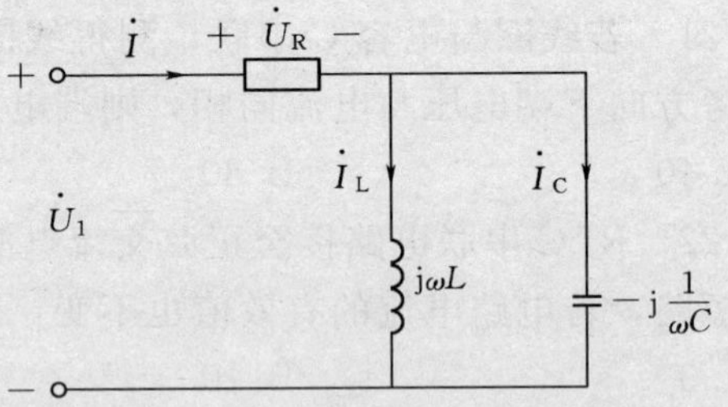

图 3-9

3-31　如图 3-9 所示电路，若 $R=2\Omega$，$L=3$mH，$\dot{U}_1=10\angle 0°$V，$\dot{U}_R=7.07\angle 45°$V，$\omega=2000$rad/s，则电容 C=(　　)μF。

A. 125　　B. 333　　C. 417　　D. 300

3-32　某二端网络的输入阻抗为 $Z=(3+j4)\Omega$，则输入导纳为（　　）S。

A. 0.33＋j0.25　　B. 0.12＋j0.16　　C. 0.33－j0.25　　D. 0.12－j0.16

3－33　已知某二端网络的输入阻抗为 $Z=R+jX$，端口正弦电压和电流的有效值分别为 U 和 I，则网络的平均功率为（　）。

A. $\frac{U^2}{R}$　　B. $\frac{U^2}{|Z|}$　　C. I^2R　　D. $I^2|Z|$

3－34　若二端网络端电压 U 为 220V，复功率 $\tilde{S}=2200\angle 30^\circ$ VA，则阻抗 Z 为（　）Ω。

A. $22\angle -30^\circ$　　B. $22\angle 30^\circ$　　C. －11－j19　　D. －11＋j19

3－35　若 $R=2\Omega$，$L=30\text{mH}$，$C=2000\mu\text{F}$ 串联后接到电压源 $u=10\sqrt{2}\sin(100t-15^\circ)$V 上，则电路的有功功率和无功功率分别为（　）。

A. 25W，25var　　B. 25W，－100var　　C. 25W，－25var　　D. 25W，100var

3－36　图 3－10 所示网络吸收的无功功率 Q 为（　）。

A. $Q=X_LI^2+X_CI_2^2$

B. $Q=X_LI^2-X_CI_2^2$

C. $Q=X_CI_2^2-X_LI^2$

D. $Q=jX_LI^2-jX_CI_2^2$

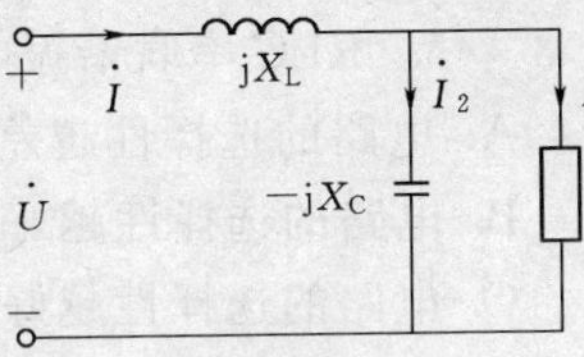

图 3－10

3－37　两组负载并联，一组 $S_1=1000$kVA，功率因数为 0.6，另一组 $S_2=500$kVA，功率因数为 1，则总视在功率和总有功功率分别为（　）。

A. 1500kVA，1100kW　　B. 1100kVA，1100kW

C. 1360kVA，1100kW　　D. 1500kVA，600kW

3－38　如图 3－11 所示电路，$u_S=50\sin\omega t$V，在 5Ω 电阻上的有功功率是 10W，则总电路的功率因数为（　）。

A. 0.3　　B. 0.6　　C. 0.8　　D. 不能确定

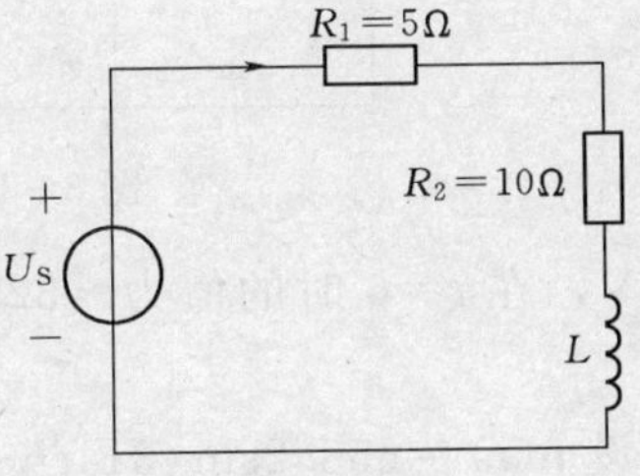

图 3－11

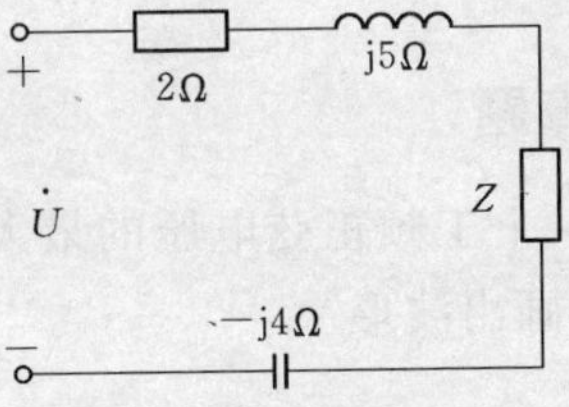

图 3－12

3－39　如图 3－12 所示电路，电源电压 $\dot{U}=2\sqrt{2}\angle 45^\circ$V，负载 Z 获得最大功率的条件以及其最大功率分别为（　）。

A. $Z_L=2\Omega$，$P_{max}=2$W　　B. $Z_L=(2+j1)\Omega$，$P_{max}=2$W

C. $Z_L=(2-j1)\Omega$，$P_{max}=1$W　　D. $Z_L=(2-j1)\Omega$，$P_{max}=2$W

3－40　正弦电流电路的功率因数越大，则（　）。

A. 电路的无功功率越大　　B. 端口电流的有效值越大

C. 电源设备容量的利用率越高　　D. 电压、电流的相位差越接近 90°

3-41　正弦交流电路中，给一个负载并联电容后，该负载本身的有功功率将(　　)。

A. 减小　　B. 不变　　C. 增加　　D. 无法确定

3-42　日光灯可视做 RL 串联的线性负载，接到 220V、50Hz 的电源上，若并联电容调至 5μF 时，总电流最小，为 0.18A，则未并联电容器时日光灯的电流为（　　）A。

A. 0.18　　B. 0.346　　C. 0.39　　D. −0.166

3-43　RLC 串联电路中，当其外加正弦电压源的角频率变为$\frac{1}{\sqrt{LC}}$时，电路中的电流(　　)。

A. 不变　　B. 最小　　C. 最大　　D. 不确定

3-44　把 $R=10\Omega$，$L=0.1$H 的线圈与电容 C 串联的电路接到 $\omega=1000$rad/s 的正弦电压源上，为使电阻上的电压最高，电容 C 应调至（　　）μF。

A. 0.1　　B. 10　　C. 100　　D. 1

3-45　RLC 串联谐振电路的 Q 值越小，则（　　）。

A. 电路的选择性越差，电路的通频带越窄

B. 电路的选择性越好，电路的通频带越窄

C. 电路的选择性越好，电路的通频带越宽

D. 电路的选择性越差，电路的通频带越宽

3-46　RLC 串联电路中，若电感值变为原来的 2 倍，电容值变为原来的 8 倍，电阻值变为原来的 1/2，则参数改变后电路的品质因数是参数改变前电路品质因数的（　　）。

A. 2 倍　　B. 1 倍　　C. 1/2　　D. 1/4

3-47　如图 3-13 所示电路，$\dot{I}_S$ 是正弦电流源，其频率等于电路的谐振频率，则通过电阻的电流为（　　）。

A. 0　　B. 10 $\dot{I}_S$

C. $\dot{I}_S$　　D. $\frac{\dot{I}_S}{10}$

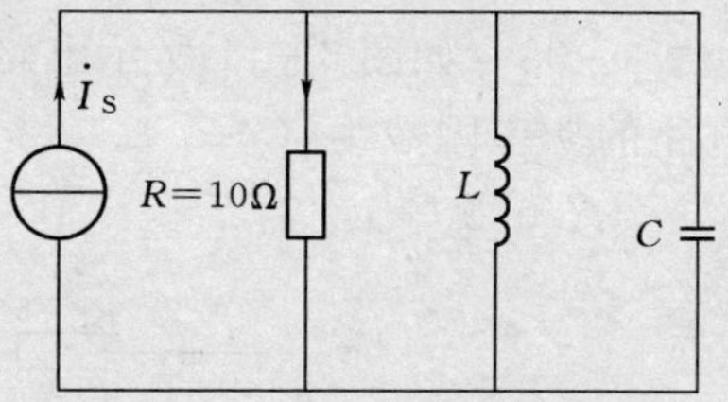

图 3-13

二、计算题

3-48　一个工频正弦电压的最大值为 658.2V，在 $t=0$ 时的值为 −329.1V，试写出它的解析式并画出波形。

解：设 $u(t)=658.2\sin(314t+\varphi)$V，将 $t=0$ 时的值 $u(0)=658.2\sin\varphi=-329.1$V 代入，得

$$\sin\varphi=-0.5$$

进一步解得　$\varphi=-30°$

得到电压的解析式

$$u=658.2\sin(314t-30°)\text{V}$$

电压波形图如图 3-14 所示。

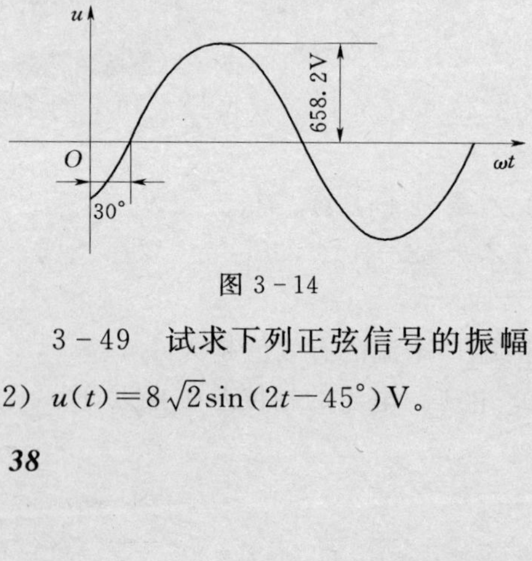

图 3-14

3-49　试求下列正弦信号的振幅、频率和初相角。（1）$u(t)=5\sin(100t+30°)$V；（2）$u(t)=8\sqrt{2}\sin(2t-45°)$V。

解：(1) $U_m = 5V$，$\omega = 100rad/s$，$f = \frac{\omega}{2\pi} = \frac{100}{2 \times 3.14} = 15.92$ (Hz)，$\varphi = 30°$

(2) $U_m = 8\sqrt{2} = 11.31V$，$\omega = 2rad/s$，$f = \frac{\omega}{2\pi} = \frac{2}{2 \times 3.14} = 0.32Hz$，$\varphi = -45°$

3-50 已知两个正弦交流电压 $u_1(t) = U_{1m}\sin(\omega t + 60°)V$，$u_2(t) = U_{2m}\sin(2\omega t + 45°)V$。比较哪个超前哪个滞后？

解：相位差是同频率正弦量之间的相位之差，这两个正弦量由于不属于同频率的正弦量，因此它们之间无法比较相位差。

3-51 有一电容器，耐压值为 220V，问能否用在有效值为 180V 的正弦交流电源上？

解：这个电容器若接在有效值为 180V 的电源上，则该电源的最大值为 $180 \times \sqrt{2} \approx 255V$，这个值大于电容器的耐压值 220V，因此不能把它用在有效值为 180V 的正弦交流电源上。

3-52 试判断下列两组正弦量的超前、滞后关系，并求出超前或滞后的角度。(1) $u(t) = 200\cos(20t + 60°)A$，$i(t) = 16\sin(20t - 150°)A$；(2) $i_1(t) = 6\sin\left(10t + \frac{\pi}{4}\right)A$，$i_2(t) = -10\sin(10t + 120°)A$；(3) $u_1(t) = 10\cos(100\pi t + 30°)V$，$u_2(t) = 10\cos(200\pi t + 45°)V$；(4) $i_1(t) = 5\cos(100\pi t - 30°)A$，$i_2(t) = -3\cos(100\pi t + 30°)A$。

解：

(1) 因 $u(t) = 200\cos(20t + 60°) = 200\sin(20t + 60° + 90°) = 200\sin(20t + 150°)(V)$

得相位差 $\varphi' = 150° - (-150°) = 300° > 180°$

故可取 $\varphi = 300° - 360° = -60°$，电压 u 滞后电流 i 60°。

(2) $i_1(t) = 6\sin\left(10t + \frac{\pi}{4}\right) = 6\sin(10t + 45°)(A)$

$i_2(t) = -10\sin(10t + 120°) = 10\sin(10t + 120° - 180°) = 10\sin(10t - 60°)(A)$

可得 $\varphi = 45° - (-60°) = 105°$，即电流 i_1 超前 i_2 105°。

(3) 因为两个正弦量的角频率 $\omega_1 \neq \omega_2$，故不能比较相位差。

(4) $i_2(t) = -3\cos(100\pi t + 30°)A = 3\cos(100\pi t - 150°)(A)$

则 $\varphi = -30° - (-150°) = 120°$，说明电流 i_1 超前 i_2 120°。

3-53 求下列各式的值：(1) $\dot{A}_1 = 5\underline{/47°} + 10\underline{/-25°}$；(2) $\dot{A}_2 = 220\underline{/35°} + \frac{(17+j9)(4+j6)}{20+j5}$。

解：(1) $\dot{A}_1 = (3.41 + j3.657) + (9.063 - j4.226) = 12.47 - j0.569 = 12.48\underline{/-2.61°}$

(2) $\dot{A}_2 = 180.2 + j126.2 + \frac{19.24\underline{/27.9°} \times 7.211\underline{/56.3°}}{20.62\underline{/14.04°}}$

$= 180.2 + j126.2 + 6.728\underline{/70.16°}$

$= 180.2 + j126.2 + 2.238 + j6.329$

$= 182.5 + j132.5 = 225.5\underline{/36°}$

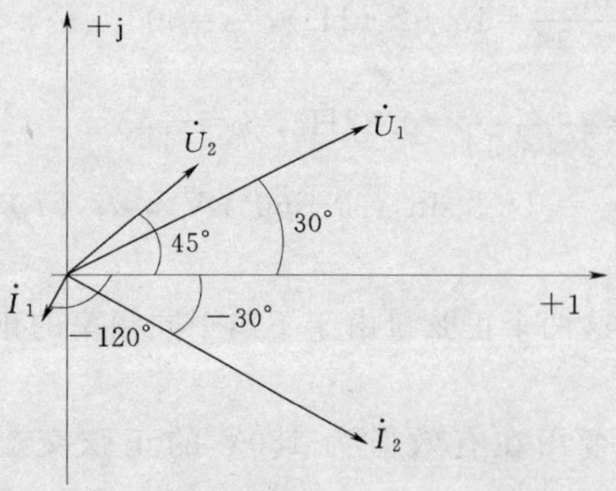

图 3-15

3-54 某正弦稳态电流电路中的电压、电流为 $u_1(t)=12\sqrt{2}\sin(\omega t+30°)$ V，$u_2(t)=6\sqrt{2}\sin(\omega t+45°)$ V，$i_1(t)=5.656\sin(\omega t-120°)$ mA，$i_2(t)=-30\sqrt{2}\cos(\omega t+60°)$ mA。写出各正弦量对应的有效值相量并画出相量图。由相量图分析 i_1 与 u_1、i_2 与 u_2 的相位差，说明超前滞后关系。

解：$\dot{U}_1=12\underline{/30°}$V，$\dot{U}_2=6\underline{/45°}$V

$$\dot{I}_1=\frac{5.656}{\sqrt{2}}\underline{/-120°}=4\underline{/-120°}(\text{mA})$$

因为
$$i_2(t)=-30\sqrt{2}\cos(\omega t+60°)=-30\sqrt{2}\sin(\omega t+60°+90°)$$
$$=30\sqrt{2}\sin(\omega t+60°+90°-180°)$$
$$=30\sqrt{2}\sin(\omega t-30°)(\text{mA})$$

得 $\dot{I}_2=30\underline{/-30°}$ mA；作出相量图如图 3-15 所示。故可判断 i_1 滞后 u_1 150°，i_2 滞后 u_2 75°。

3-55 用相量法求下列正弦电压和电流。(1) $u(t)=30\sin314t+40\cos314t-60\cos\times(314t-60°)$ V；(2) $i(t)=8\sqrt{2}\sin(10t-30°)+6\sqrt{2}\sin(10t-45°)$ A。

解：(1) 先将电压 $u(t)$ 中各项均表示为正弦函数

$$u(t)=30\sin314t+40\sin(314t+90°)-60\sin(314t-60°+90°)$$
$$=30\sin314t+40\sin(314t+90°)-60\sin(314t+30°)$$

将各部分表示成相量，得

$$\dot{U}_m=30\underline{/0°}+40\underline{/90°}-60\underline{/30°}$$
$$=30+j40-(51.96+j30)=-21.96+j10=24.1\underline{/155.4°}(\text{V})$$

故
$$u(t)=24.1\sin(314t+155.4°)\text{V}$$

(2) $\dot{I}=8\underline{/-30°}+6\underline{/-45°}=6.9-j4+4.2-j4.2=11.1-j8.2=13.8\underline{/-36.5°}$ (A)

故
$$i(t)=13.8\sqrt{2}\sin(10t-36.5°)\text{A}$$

3-56 写出下列各相量所对应的正弦量解析式，设角频率为 ω。(1) $\dot{I}=(4-j3)$A；(2) $\dot{U}=220\angle\underline{/-60°}$V；(3) $\dot{I}=j2$A；(4) $\dot{U}=380$V。

解：(1) $I=\sqrt{4^2+(-3)^2}=5$A，$\varphi=\arctan\dfrac{-3}{4}=-36.9°$

故
$$i(t)=5\sqrt{2}\sin(\omega t-36.9°)\text{A}$$

(2) $U=220$V，$\varphi=60°$

故
$$u(t)=220\sqrt{2}\sin(\omega t+60°)\text{V}$$

(3) $I=2$A，$\varphi=90°$

故
$$i(t)=2\sqrt{2}\sin(\omega t+90°)\text{A}$$

(4) $U=380$V，$\varphi=0°$

故 $$u(t)=380\sqrt{2}\sin\omega t\,\text{V}$$

3－57　已知 $u_1=\sqrt{2}\sin\omega t\,\text{V}$，$u_2=\sqrt{2}\sin(\omega t-120°)\,\text{V}$，写出 $u_{12}=u_1-u_2$ 的解析式。

解： $$\dot{U}_1=1\angle 0°\,\text{V},\ \dot{U}_2=1\angle -120°\,\text{V}$$

$$\dot{U}_{12}=\dot{U}_1-\dot{U}_2=1\angle 0°-1\angle -120°=1-(-0.5-\text{j}0.866)=1.5+\text{j}0.866=\sqrt{3}\angle 30°(\text{V})$$

$$u_{12}=u_1-u_2=\sqrt{6}\sin(\omega t+30°)(\text{V})$$

3－58　已知 $L=0.4\text{H}$ 的电感线圈（$R=0$）接到 $u=311\sin\left(314t+\frac{\pi}{3}\right)\text{V}$ 的交流电源上，试求电流的瞬时值、有效值，写出电流的相量表达式。

解：本题中的电感线圈属于纯电感负载，因此

$$\varphi_i=\varphi_u-\frac{\pi}{2}=\frac{\pi}{3}-\frac{\pi}{2}=-\frac{\pi}{6}=-30°$$

$$X_L=\omega L=314\times 0.4=125.6(\Omega)$$

$$I=\frac{U}{X_L}=\frac{U_m/\sqrt{2}}{X_L}=\frac{311/\sqrt{2}}{125.6}=1.75(\text{A})$$

故 $$i(t)=1.75\sqrt{2}\sin(\omega t-30°)\text{A},\ \dot{I}=1.75\angle -30°\text{A}$$

3－59　某一电感电路，$u_L=10\sqrt{2}\sin(314t+60°)\text{V}$，$X_L=50\Omega$，（1）求电感 L；（2）写出 i_L 的解析式；（3）计算 Q_L。

解：由已知得 $$\omega=314\text{rad/s},\ \dot{U}=10\angle 60°\text{V}$$

（1）由 $X_L=\omega L$，得

$$L=X_L/\omega=50/314=0.159(\text{H})$$

（2）$\dot{I}_L=\dfrac{\dot{U}}{\text{j}X_L}=\dfrac{10\angle 60°}{\text{j}50}=\dfrac{10\angle 60°}{50\angle 90°}=\dfrac{1}{5}\angle -30°$（A）

故 $$i_L=\frac{\sqrt{2}}{5}\sin(314t-30°)\text{A}$$

（3） $$Q_L=U_L I_L=10\times\frac{1}{5}=2(\text{var})$$

3－60　已知一个 $C=10\mu\text{F}$ 的电容器上流过的电流 $i_C=1.956\sin(628t+120°)\text{A}$，试写出电容器上电压的解析式，并计算 Q_C。

解：（1）由题可知

$$\dot{I}_C=\frac{1.956}{\sqrt{2}}\angle 120°=1.38\angle 120°\ (\text{A})$$

$$\dot{U}_C=-\text{j}X_C\dot{I}_C=-\text{j}\frac{1}{\omega C}\dot{I}_C=-\text{j}\frac{1}{628\times 10\times 10^{-6}}\times 1.38\angle 120°=220\angle 30°\ (\text{V})$$

故 $$u_C=220\sqrt{2}\sin(628t+30°)\text{V}$$

（2） $$Q_C=U_C I_C=220\times 1.38=303.6(\text{var})$$

3－61　如图 3－16 所示，图 3－16（a）中电压表读数分别为：$V_1=30\text{V}$；$V_2=40\text{V}$；图 3－16（b）中电压表读数分别为：$V_1=15\text{V}$，$V_2=60\text{V}$，$V_3=80\text{V}$。分别求两图中电压

源电压的有效值 U_S。

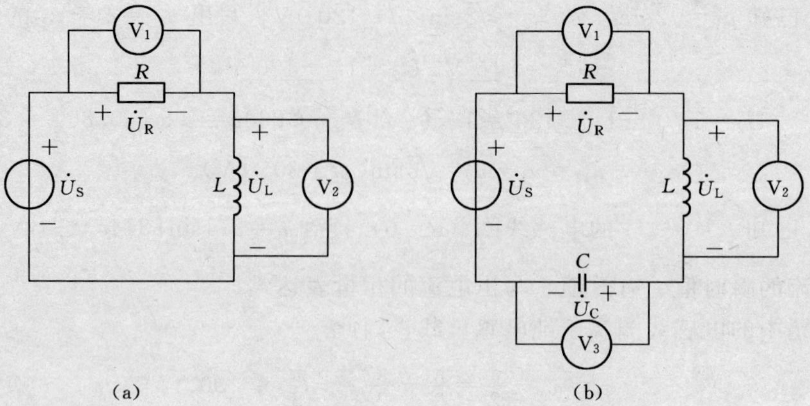

图 3-16

解：图 3-16（a）RL 串联电路中，$\dot{U}_S=\dot{U}_R+\dot{U}_L=R\dot{I}+jX_L\dot{I}$，可知 $\dot{U}_R$ 与 $\dot{I}$ 同相，$\dot{U}_L$ 超前 $\dot{I}$90°，$\dot{U}_S$ 与 $\dot{U}_R$、$\dot{U}_L$ 构成直角三角形，故

$$U_S=\sqrt{U_R^2+U_L^2}=\sqrt{30^2+40^2}=50(\text{V})$$

图 3-16（b）RLC 串联电路中，$\dot{U}_S=\dot{U}_R+\dot{U}_L+\dot{U}_C=R\dot{I}+jX_L\dot{I}-jX_C\dot{I}$，可知 $\dot{U}_R$ 与 $\dot{I}$ 同相，$\dot{U}_L$ 超前 $\dot{I}$90°，$\dot{U}_C$ 滞后 $\dot{I}$90°，U_S 与 U_R、U_L-U_C 构成直角三角形，故

$$U_S=\sqrt{U_R^2+(U_L-U_C)^2}=\sqrt{15^2+(60-80)^2}=25(\text{V})$$

3-62　RL 串联电路接到 220V 的直流电源时功率为 1.2kW，接到 220V 的工频电源时功率为 0.6kW，试求它的 R、L。

解：直流下 L 相当于短路，$P=\dfrac{U^2}{R}$，因此根据接到直流电源上的数值可求得电阻

$$R=\frac{U^2}{P}=\frac{220^2}{1200}\approx 40.3(\Omega)$$

在工频交流电时，只有电阻消耗有功功率，$P=I^2R$，根据给定数据可求得线圈电流为

$$I=\sqrt{\frac{P}{R}}=\sqrt{\frac{600}{40.3}}\approx 3.86(\text{A})$$

线圈的阻抗为

$$|Z|=\frac{U}{I}=\frac{220}{3.86}=57\Omega=\sqrt{R^2+X_L^2}$$

线圈的感抗为

$$X_L=\sqrt{|Z|^2-R^2}=\sqrt{57^2-40.3^2}=40.3(\Omega)$$

线圈的电感为

$$L=\frac{X_L}{\omega}=\frac{40.3}{314}\approx 128(\text{mH})$$

3-63　已知由 $R=30\Omega$、$L=382\text{mH}$、$C=40\mu\text{F}$ 组成的串联电路，接在 $u=100\sqrt{2}\times$

$\sin(314t+30°)$V 的电源上。试求：(1) $|Z|$；(2) $\dot{I}$，$\dot{U}_C$，$\dot{U}_L$，$\dot{U}_R$；(3) P，Q_L，Q_C，S。

解：(1)
$$X_L=\omega L=314\times0.382=120(\Omega)$$
$$X_C=\frac{1}{\omega C}=\frac{1}{314\times40\times10^{-6}}=80(\Omega)$$
$$|Z|=\sqrt{R^2+(X_L-X_C)^2}=\sqrt{30^2+(120-80)^2}=50(\Omega)$$
$$Z=R+j(X_L-X_C)=30+j40=50\,\underline{/53°}(\Omega)$$

(2) 由题可知 $\dot{U}=100\,\underline{/30°}$V，有
$$\dot{I}=\frac{\dot{U}}{Z}=\frac{100\,\underline{/30°}}{50\,\underline{/53°}}=2\,\underline{/-23°}(A)$$
$$\dot{U}_C=-jX_C\dot{I}=80\,\underline{/-90°}\times2\,\underline{/-23°}=160\,\underline{/-113°}(V)$$
$$\dot{U}_L=jX_L\dot{I}=120\,\underline{/90°}\times2\,\underline{/-23°}=240\,\underline{/67°}(V)$$
$$\dot{U}_R=\dot{I}R=2\,\underline{/-23°}\times30=60\,\underline{/-23°}(V)$$

(3)
$$P=U_RI=60\times2=120(W)$$
$$Q_L=U_LI=240\times2=480(var)$$
$$Q_C=U_CI=160\times2=320(var)$$
$$S=UI=100\times2=200(VA)$$

3-64 如图 3-17 所示电路，已知电容 $C=0.1\mu F$，输入电压 $U_1=5V$，$f=50Hz$，若使输出电压 U_2 滞后输入电压 60°，问电路中电阻应为多大？

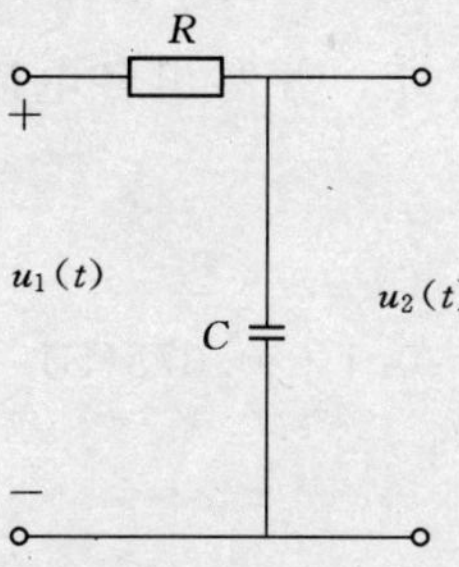

图 3-17

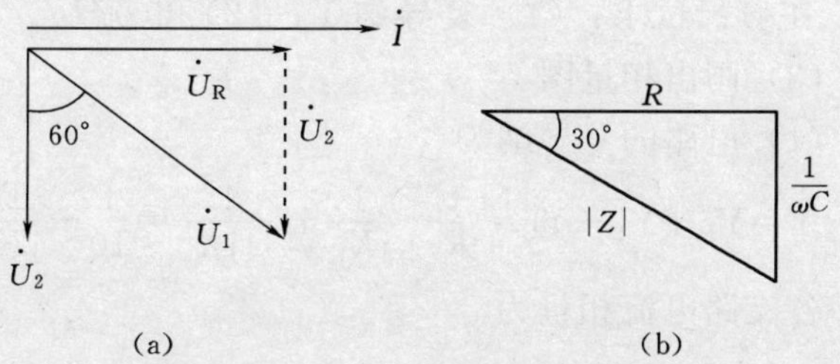

图 3-18

(a) 相量图；(b) 阻抗三角形

解：根据电路图可画出相量示意图如图 3-18 (a) 所示，由相量图中的电压三角形又可导出阻抗三角形如图 3-18 (b) 所示，由阻抗三角形可得
$$X_C-\frac{1}{\omega C}=\frac{10^6}{314\times0.1}=31847(\Omega)$$
因为
$$\tan30°=\frac{X_C}{R}$$
故
$$R=\frac{X_C}{\tan30°}=\frac{31847}{0.5773}\approx55165(\Omega)$$
电路中电阻约为 55kΩ。

3-65 如图 3-19 所示电路，$U=150V$，$U_1=80V$，$U_2=200V$，$f=50Hz$，$X_C=80\Omega$。试求 R 及 L 的值。

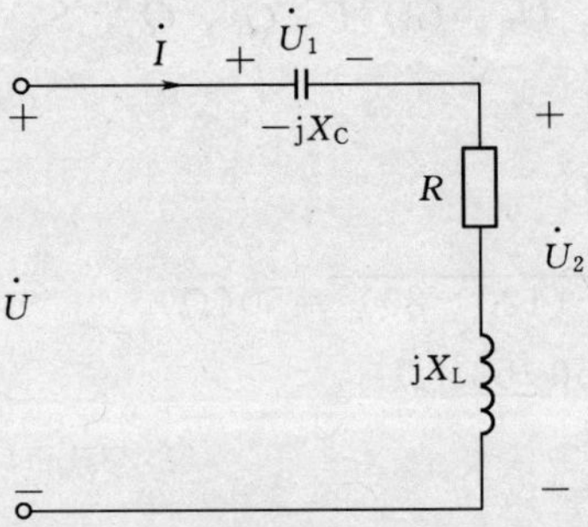

图 3-19

解：对电容元件，$U_1=X_CI$，故电路电流的有效值为

$$I=\frac{U_1}{X_C}=\frac{80}{80}=1(\mathrm{A})$$

电路的总阻抗为

$$|Z|=\sqrt{R^2+(X_L-X_C)^2}$$

由已知得

$$|Z|=\frac{U}{I}=\frac{150}{1}=150(\Omega)$$

即
$$\sqrt{R^2+(X_L-80)^2}=150 \tag{1}$$

RL 串联部分的阻抗为

$$|Z_2|=\sqrt{R^2+X_L^2}$$

由已知得

$$|Z_2|=\frac{U_2}{I}=\frac{200}{1}=200(\Omega)$$

即
$$\sqrt{R^2+{X_L}^2}=200 \tag{2}$$

联立求解式（1）、式（2）可得

$$R=133\Omega, X_L=149\Omega$$

$$L=\frac{X_L}{2\pi f}=\frac{149}{2\times 3.14\times 50}=0.47(\mathrm{H})$$

3-66　在 RLC 并联电路中，已知 $R=10\Omega$，$X_L=20\Omega$，$X_C=8\Omega$。电路电压 $\dot{U}=200\angle 0^\circ \mathrm{V}$，工频。试求：（1）复导纳 Y；（2）电流 $\dot{I}_R$、$\dot{I}_L$、$\dot{I}_C$、$\dot{I}$，并写出各电流瞬时值表达式；（3）画出相量图。

解：（1）电路的复导纳为

$$Y=Y_R+Y_L+Y_C=\frac{1}{R}+\frac{1}{jX_L}+\frac{1}{-jX_C}=\frac{1}{10}+\frac{1}{j20}+\frac{1}{-j8}=0.1+j0.075(\mathrm{S})$$

（2）各支路电流相量为

$$\dot{I}_R=\frac{\dot{U}}{R}=G\dot{U}=0.1\times 200\angle 0^\circ=20\angle 0^\circ(\mathrm{A})$$

$$\dot{I}_L=\frac{\dot{U}}{jX_L}=-jB_L\dot{U}=-j0.05\times 200\angle 0^\circ=10\angle -90^\circ(\mathrm{A})$$

$$\dot{I}_C=\frac{\dot{U}}{-jX_C}=jB_C\dot{U}=j0.125\times 200\angle 0^\circ=25\angle 90^\circ(\mathrm{A})$$

$$\dot{I}=\dot{I}_R+\dot{I}_L+\dot{I}_C=20\angle 0^\circ+10\angle -90^\circ+25\angle 90^\circ$$
$$=20-j10+j25=20+j15=25\angle 36.9^\circ(\mathrm{A})$$

各支路电流的瞬时值表达式为

$$f=50\mathrm{Hz}, \omega=2\pi f=314(\mathrm{rad/s})$$

$$i_R=20\sqrt{2}\sin 314t\,\mathrm{A}, i_L=10\sqrt{2}\sin(314t-90^\circ)\,\mathrm{A}, i_C=25\sqrt{2}\sin(314t+90^\circ)\,\mathrm{A}$$

$$i=25\sqrt{2}\sin(314t+36.9^\circ)\,\mathrm{A}$$

（3）电路相量图如图 3-20 所示。

3-67　如图 3-21（a）所示电路，已知电压 $U_{AB}=50V$，$U_{AC}=78V$，求电压 U_{BC}。

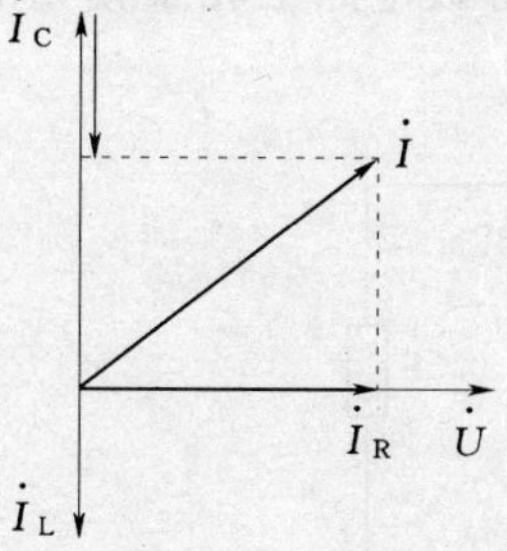

图 3-20

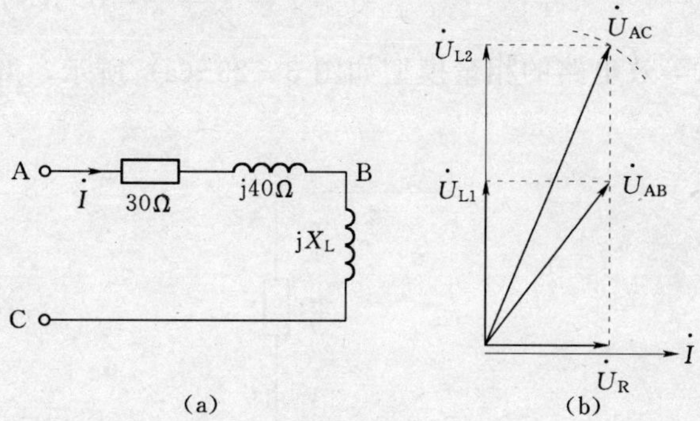

图 3-21

解：以电流为参考相量，相量图如图 3-21（b）所示，30Ω 电阻的电压 $\dot{U}_R$ 与电流 $\dot{I}$ 同相，大小为 $U_R=30I$，感抗为 40Ω 的电感的电压 $\dot{U}_{L1}$ 超前电流 $\dot{I}$ 90°，大小为 $U_{L1}=40I$。感抗为 X_L 的电感的电压 $\dot{U}_{L2}$ 也超前电流 $\dot{I}$ 90°。且 $\dot{U}_{AB}=\dot{U}_R+\dot{U}_{L1}$。

根据相量图得

$$U_{AB}=\sqrt{U_R^2+U_{L1}^2}=\sqrt{(30I)^2+(40I)^2}=50I=50(V)$$

所以

$$I=1A, U_R=30V, U_{L1}=40V$$

$$U_{AC}=\sqrt{U_R^2+(U_{L1}+U_{L2})^2}=\sqrt{30^2+(40+U_{L2})^2}=78(V)$$

故

$$40+U_{L2}=\sqrt{U_{AC}^2-U_R^2}=\sqrt{78^2-30^2}=72(V)$$

$$U_{BC}=U_{L2}=32V$$

3-68　计算图 3-22 各电路中的输入阻抗 Z 和导纳 Y，并求串联和并联等效电路的相量模型。

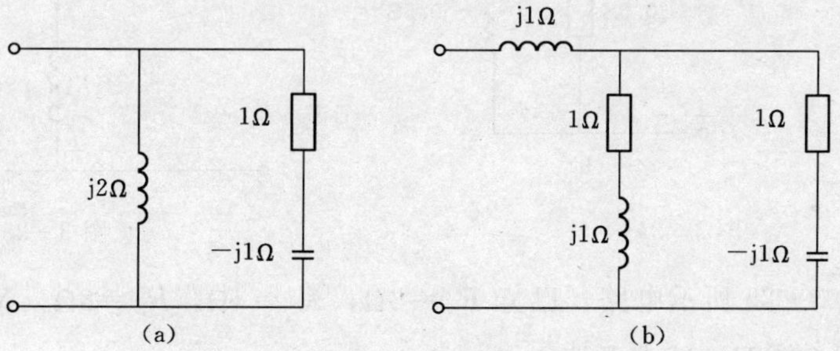

图 3-22

解：图 3-22（a）电路的阻抗为

$$Z=j2//(1-j1)=\frac{j2\times(1-j1)}{j2+(1-j1)}=\frac{2+j2}{1+j1}=2(\Omega)$$

电路的导纳为

$$Y=\frac{1}{j2}+\frac{1}{1-j1}=-j0.5+\frac{1+j1}{(1-j1)\times(1+j1)}=-j0.5+\frac{1+j1}{2}=-j0.5+0.5+j0.5=0.5(S)$$

或
$$Y=\frac{1}{Z}=\frac{1}{2}=0.5(S)$$

串联等效电路的相量模型如图 3－23（a）所示，并联等效电路的相量模型如图 3－23（b）所示。

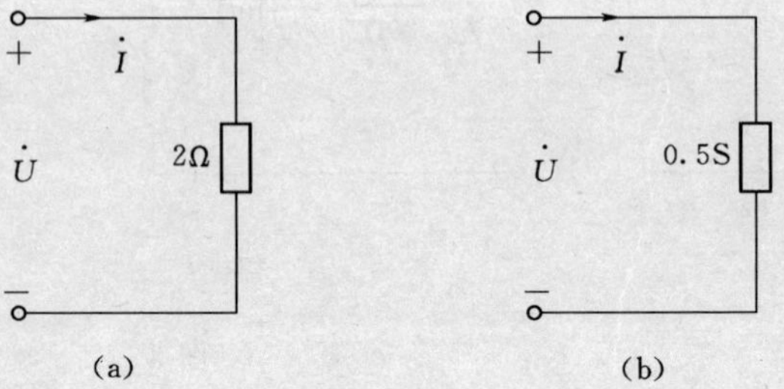

图 3－23

图 3－22（b）电路的阻抗为

$$Z=j1+(1+j1)//(1-j1)=j1+\frac{(1+j1)\times(1-j1)}{(1+j1)+(1-j1)}=j1+\frac{2}{2}=(1+j1)(\Omega)$$

电路的导纳为

$$Y=\frac{1}{Z}=\frac{1}{1+j1}=\frac{1-j1}{(1+j1)\times(1-j1)}=\frac{1-j1}{2}=(0.5-j0.5)(S)$$

串联等效电路的相量模型如图 3－24（a）所示，并联等效电路的相量模型如图 3－24（b）所示。

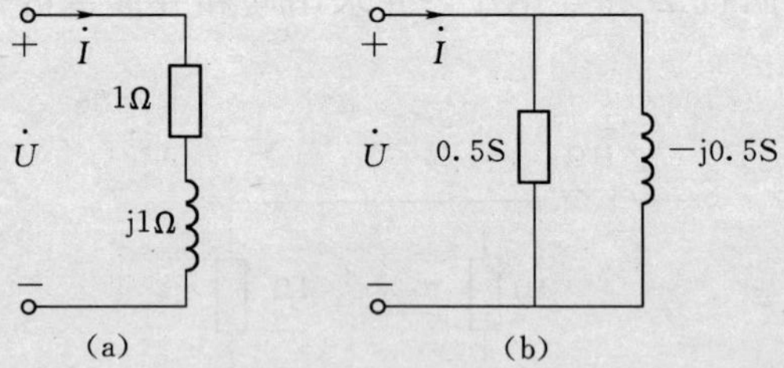

图 3－24

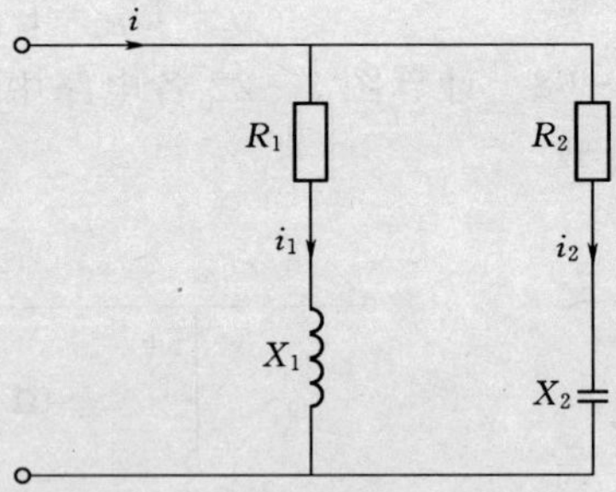

图 3－25

3－69　如图 3－25 所示电路，已知 $R_1=3\Omega$，$X_1=4\Omega$，$R_2=8\Omega$，$X_2=6\Omega$，$u(t)=220\sqrt{2}\sin(100\pi t+30°)\text{V}$，试求电流 i_1、i_2 和 i。

解：由已知得　　$\dot{U}=220\angle 30°\text{V}$

第一条支路

$$Z_1=R_1+jX_1=3+j4=5\angle 53°(\Omega)$$

$$\dot{I}_1=\frac{\dot{U}}{Z_1}=\frac{220\angle 30°}{5\angle 53°}=44\angle -23°(A)$$

$$i_1=44\sqrt{2}\sin(100\pi t-23°)(A)$$

第二条支路

$$Z_2=R_2-jX_2=8-j6=10\angle{-37°}(\Omega)$$

$$\dot{I}_2=\frac{\dot{U}}{Z_2}=\frac{220\angle{30°}}{10\angle{-37°}}=22\angle{67°}(A)$$

$$i_2=22\sqrt{2}\sin(100\pi t+67°)A$$

端口电流为

$$\dot{I}=\dot{I}_1+\dot{I}_2=44\angle{-23°}+22\angle{67°}=40.5-j17.2+8.6+j20.3=49.1+j3.1=49.2\angle{3.6°}(A)$$

$$i=49.2\sqrt{2}\sin(100\pi t+3.6°)A$$

3-70　图3-26所示电路对外呈现感性还是容性？

解：图3-26所示电路的等效阻抗为

$$Z=3-j6+5//(3+j4)=3-j6+\frac{5\times(3+j4)}{5+(3+j4)}=(5.5-j4.75)(\Omega)$$

因为 $X<0$，故电路对外呈现容性。

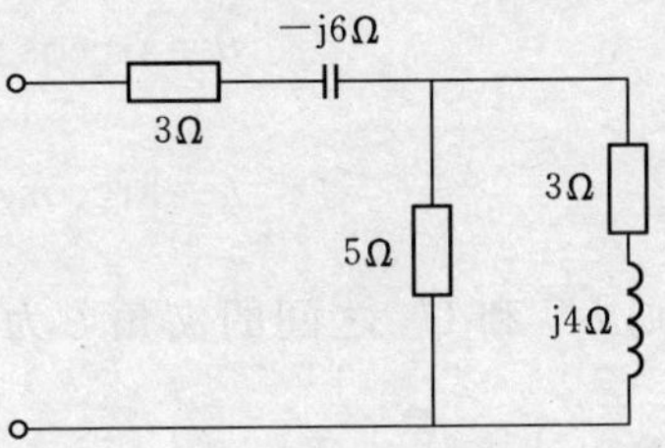

图3-26

3-71　已知 RLC 串联电路的参数为 $R=20\Omega$，$L=0.1H$，$C=30\mu F$，当信号频率分别为 50Hz、1000Hz 时，电路的复阻抗各为多少？两个频率下电路的性质如何？

解：当信号频率为 50Hz 时

$$Z'=R+j\left(\omega L-\frac{1}{\omega C}\right)=20+j\left(314\times0.1-\frac{10^6}{314\times30}\right)=20-j74.6\approx77.2\angle{-75°}(\Omega)$$

此时电路呈容性。

当信号频率为 1000Hz 时

$$Z''=R+j\left(\omega L-\frac{1}{\omega C}\right)=20+j\left(6280\times0.1-\frac{10^6}{6280\times30}\right)=20+j623\approx623\angle{88°}(\Omega)$$

此时电路呈感性。

3-72　如图3-27（a）所示电路，$Z_1=j60\Omega$，各交流电压表的读数分别为 V=100V，$V_1=171V$，$V_2=240V$。求阻抗 Z_2。

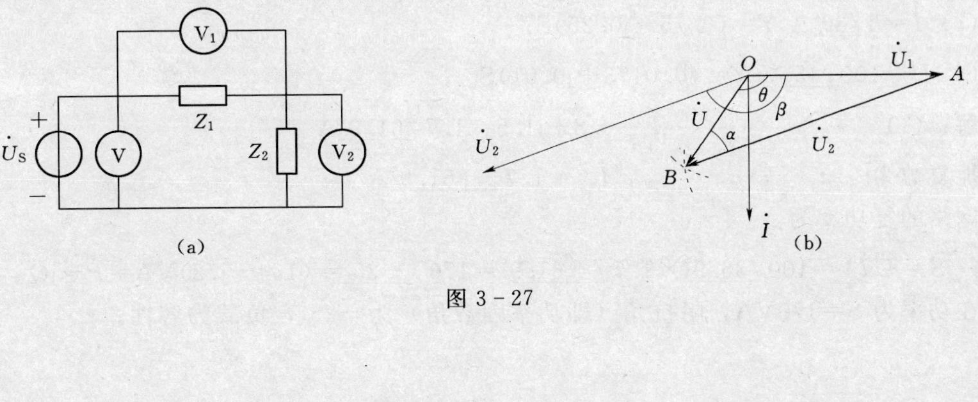

图3-27

解：由已知得：Z_1 是电感元件，该元件和 Z_2 串联后，总电压减小，可知 Z_2 是容性阻抗（因为 $V \neq |V_1 - V_2|$，所以 Z_2 不是纯电容）。

由 KVL 定律可知，$\dot{U} = \dot{U}_1 + \dot{U}_2$，这三个电压可构成一个电压三角形。将 $\dot{U}_1$ 作为参考正弦量，画在水平位置上，根据相量相加的三角形法则，$\dot{U}_2$ 从 $\dot{U}_1$ 的末端 A 处画起，两者之和（即相量 $\dot{U}$）则从 $\dot{U}_1$ 的始端 O 指向 $\dot{U}_2$ 的末端 B。利用几何知识，画出 $\dot{U}_1$ 后，按相同比例以 A 点为圆心，作半径为 240 的圆；再以 O 点为圆心，作半径为 100 的圆。两圆的交点即为 $\dot{U}_2$ 的末端 B 点。两圆有两个交点，本题中 Z_2 是容性阻抗，故取下方的交点，如图 3-27（b）所示相量图中粗线三角形。

对这个电压三角形可运用余弦定理求出电压 $\dot{U}_1$ 和总电压 $\dot{U}$ 之间的夹角 θ 以及电压 $\dot{U}_2$ 和总电压 $\dot{U}$ 之间的夹角 α

$$\theta = \arccos\frac{100^2 + 171^2 - 240^2}{2\times100\times171} = \arccos(-0.537) \approx 122^\circ$$

$$\alpha = \arccos\frac{100^2 + 240^2 - 171^2}{2\times100\times240} = \arccos 0.8 \approx 37^\circ$$

则 $\dot{U}_2$ 和 $\dot{U}_1$ 之间的夹角 β 为

$$\beta = \theta + \alpha = 122^\circ + 37^\circ = 159^\circ$$

设 $\dot{U}_1 = 171\angle 0^\circ \mathrm{V}$，则

$$\dot{U}_2 = 240\angle -\beta = 240\angle -159^\circ (\mathrm{V})$$

电路中电流为

$$\dot{I} = \frac{\dot{U}_1}{Z_1} = \frac{171}{\mathrm{j}60} \approx 2.85\angle -90^\circ (\mathrm{A})$$

$$Z_2 = \frac{\dot{U}_2}{\dot{I}} = \frac{240\angle -159^\circ}{2.85\angle -90^\circ} \approx 84.2\angle -69^\circ (\Omega)$$

3-73　设正弦稳态无源二端网络的端口电压、电流为关联参考方向。试求二端网络在下述各种情况下的有功功率、无功功率和功率因数，并说明该无源二端网络阻抗的性质。

(1) $\dot{U} = 100\angle 36.9^\circ \mathrm{V}, \dot{I} = (0.8 + \mathrm{j}1.5)\mathrm{A}$；

(2) $\dot{U} = (60 - \mathrm{j}103.9)\mathrm{V}, Z = 20\angle 30^\circ \Omega$；

(3) $\dot{I} = 3\angle 30^\circ \mathrm{A}, Y = (0.75 - \mathrm{j}0.25)\mathrm{S}$；

(4) $\dot{U} = 100\angle 45^\circ \mathrm{V}, Y = (0.0173 + \mathrm{j}0.01)\mathrm{S}$。

解：(1)　$\dot{I} = 0.8 + \mathrm{j}1.5 = 1.7\angle 61.9^\circ \mathrm{A}$

其共扼复数为　$\dot{I}^* = 1.7\angle -61.9^\circ \mathrm{A}$

网络的复功率为

$$\tilde{S} = \dot{U}\dot{I}^* = 100\angle 36.9^\circ \times 1.7\angle -61.9^\circ = 170\angle -25^\circ = (154 - \mathrm{j}72)\mathrm{VA} = P + \mathrm{j}Q$$

故视在功率为 $S = 170\mathrm{VA}$，阻抗角（即功率因数角）为 -25°，负载为容性。

有功功率为 $P=154\text{W}$，无功功率为 $Q=-72\text{var}$。

功率因数为

$$\cos\varphi=\frac{P}{S}=\frac{154}{170}=0.91$$

(2) $Z=20\angle 30^\circ\Omega$，阻抗角（即功率因数角）为 30°，负载为感性。

功率因数为

$$\cos\varphi=\cos 30^\circ=0.866$$

$$\dot{U}=60-\text{j}103.9=120\angle -60^\circ(\text{V}),\dot{I}=\frac{\dot{U}}{Z}=\frac{120\angle -60^\circ}{20\angle 30^\circ}=6\angle -90^\circ(\text{A})$$

网络的复功率为

$$\tilde{S}=\dot{U}\dot{I}^*=120\angle -60^\circ\times 6\angle 90^\circ=720\angle 30^\circ=(623.5+\text{j}360)(\text{VA})$$

有功功率为 $P=623.5\text{W}$，无功功率为 $Q=360\text{var}$。

(3)

$$Y=0.75-\text{j}0.25=0.79\angle -18.4^\circ(\text{S})$$

$$Z=\frac{1}{Y}=\frac{1}{0.79\angle -18.4^\circ}=1.27\angle 18.4^\circ(\Omega)$$

阻抗角（即功率因数角）为 18.4°，负载为感性。

功率因数为

$$\cos\varphi=\cos 18.4^\circ=0.95$$

$$\dot{U}=Z\dot{I}=1.27\angle 18.4^\circ\times 3\angle 30^\circ=3.81\angle 48.4^\circ(\text{V})$$

$$\tilde{S}=\dot{U}\dot{I}^*=3.81\angle 48.4^\circ\times 3\angle -30^\circ=11.4\angle 18.4^\circ=(10.8+\text{j}3.6)(\text{VA})$$

有功功率为 $P=10.8\text{W}$，无功功率为 $Q=3.6\text{var}$。

(4)

$$Y=0.0173+\text{j}0.01=0.02\angle 30^\circ(\text{S})$$

$$Z=\frac{1}{Y}=\frac{1}{0.019\angle 30^\circ}=50\angle -30^\circ(\Omega)$$

阻抗角（即功率因数角）为 −30°，负载为容性。

功率因数为

$$\cos\varphi=\cos(-30^\circ)=0.866$$

$$\dot{I}=\frac{\dot{U}}{Z}=\frac{100\angle 45^\circ}{50\angle -30^\circ}=2\angle 75^\circ(\text{A})$$

$$\tilde{S}=\dot{U}\dot{I}^*=100\angle 45^\circ\times 2\angle -75^\circ=200\angle -30^\circ=(173.2-\text{j}100)(\text{VA})$$

有功功率为 $P=173.2\text{W}$，无功功率为 $Q=-100\text{var}$。

3-74　如图 3-28 所示电路，已知 $\dot{U}=200\angle 0^\circ\text{V}$，试求电容元件和电感元件的无功功率及电阻元件的有功功率。

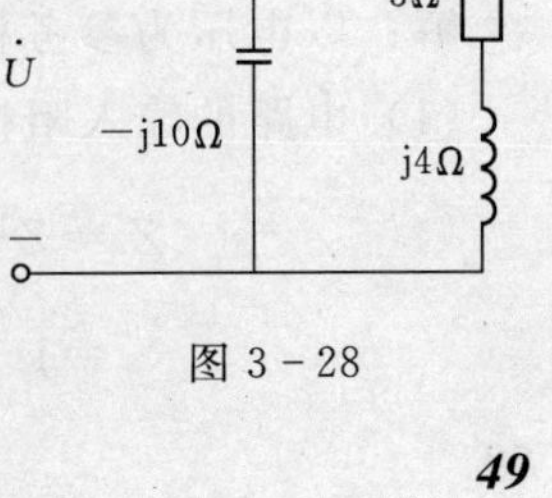

图 3-28

解： 第一条支路

$$\dot{I}_1=\frac{\dot{U}}{Z_1}=\frac{200}{10\angle -90^\circ}=20\angle 90^\circ(\text{A})$$

从而电容元件的无功功率为

$$Q_C=X_C I_1^2=10\times 20^2=4000(\text{var})$$

第二条支路　$Z_2=3+\text{j}4=5\angle 53.1^\circ(\Omega)$

$$\dot I_2=\frac{\dot U}{Z_2}=\frac{200}{5\,\underline{/53.1^\circ}}=40\,\underline{/-53.1^\circ}(\mathrm{A})$$

从而电阻元件的有功功率为

$$P=RI_2^2=3\times40^2=4800(\mathrm{W})$$

电感元件的无功功率为

$$Q_L=X_LI_2{}^2=4\times40^2=6400(\mathrm{var})$$

3-75　试求图3-29所示电路中各负载支路电流的有效值和有功功率。

解：设 $\dot U=200\,\underline{/0^\circ}$V。

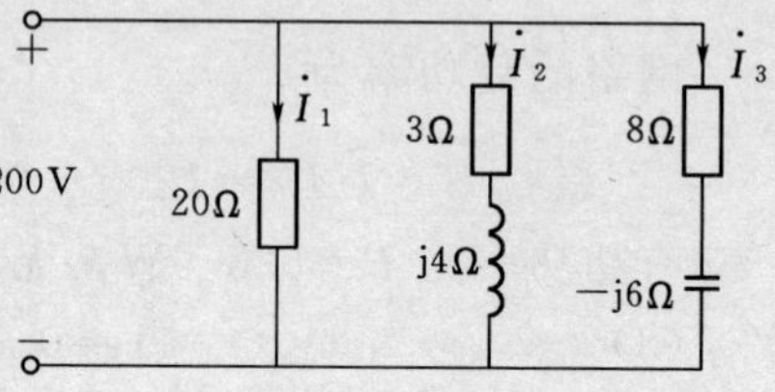

图3-29

第一条支路　$Z_1=20\Omega,\varphi_1=0$

$$\dot I_1=\frac{200\,\underline{/0^\circ}}{20}=10\,\underline{/0^\circ}(\mathrm{A}),I_1=10\mathrm{A}$$

$$P_1=UI_1\cos\varphi_1=200\times10\times1=2000(\mathrm{W})=2(\mathrm{kW})$$

第二条支路 $Z_2=3+\mathrm{j}4=5\,\underline{/53.1^\circ}(\Omega),\varphi_2=53.1^\circ$

$$\dot I_2=\frac{\dot U}{Z_2}=\frac{200\,\underline{/0^\circ}}{5\,\underline{/53.1^\circ}}=40\,\underline{/-53.1^\circ}(\mathrm{A})$$

$$P_2=UI_2\cos\varphi_2=200\times40\times\cos53.1^\circ=4800(\mathrm{W})=4.8(\mathrm{kW})$$

第三条支路　$Z_3=8-\mathrm{j}6=10\,\underline{/-36.9^\circ}(\Omega),\varphi_3=-36.9^\circ$

$$\dot I_3=\frac{\dot U}{Z_3}=\frac{200\,\underline{/0^\circ}}{10\,\underline{/-36.9^\circ}}=20\,\underline{/36.9^\circ}(\mathrm{A})$$

$$P_3=UI_3\cos\varphi_3=200\times20\times\cos(-36.9^\circ)=3200(\mathrm{W})=3.2(\mathrm{kW})$$

3-76　如图3-30（a）所示电路，$U=8$V，$Z=(1-\mathrm{j}0.5)\Omega$，$Z_1=(1+\mathrm{j})\Omega$，$Z_2=(3-\mathrm{j})\Omega$，求：（1）电路的输入导纳；（2）各支路电流；（3）电路相量图；（4）电路的有功功率。

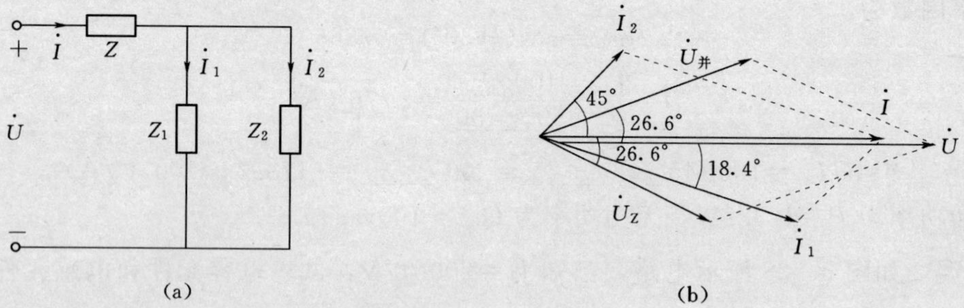

图3-30

解：以电压为参考相量，即设 $\dot U=8\,\underline{/0^\circ}$V。

（1）电路的输入阻抗（即总阻抗）为

$$Z'=Z+Z_1//Z_2=1-\mathrm{j}0.5+\frac{(1+\mathrm{j})\times(3-\mathrm{j})}{1+\mathrm{j}+3-\mathrm{j}}=1-\mathrm{j}0.5+\frac{4+\mathrm{j}2}{4}$$

$$=1-\mathrm{j}0.5+1+\mathrm{j}0.5=2(\Omega)$$

故电路的输入导纳为

$$Y=\frac{1}{Z}=\frac{1}{2}=0.5(\mathrm{S})$$

(2) 电路端口电流为

$$\dot{I}=\frac{\dot{U}}{Z'}=\frac{8\angle 0^\circ}{2}=4\angle 0^\circ(\mathrm{A})$$

Z_1 支路的电流为

$$\dot{I}_1=\frac{Z_2}{Z_1+Z_2}\dot{I}=\frac{3-\mathrm{j}}{1+\mathrm{j}+3-\mathrm{j}}\times 4\angle 0^\circ=3-\mathrm{j}=3.16\angle -18.4^\circ(\mathrm{A})$$

Z_2 支路的电流为

$$\dot{I}_2=\frac{Z_1}{Z_1+Z_2}\dot{I}=\frac{1+\mathrm{j}}{1+\mathrm{j}+3-\mathrm{j}}\times 4\angle 0^\circ=1+\mathrm{j}=\sqrt{2}\angle 45^\circ(\mathrm{A})$$

(3) 电路相量图如图 2－30 (b) 所示。

(4) 电路的有功功率为

$$P=UI\cos\varphi=8\times 4\times 1=32(\mathrm{W})$$

3－77　已知一电阻和电感串联电路，接到 $u=220\sqrt{2}\sin(314t+30^\circ)\mathrm{V}$ 的电源上，电流 $i=5\sqrt{2}\sin(314t-15^\circ)\mathrm{A}$，试求 R、L 和 P。

解：

$$Z=\frac{\dot{U}}{\dot{I}}=\frac{220\angle 30^\circ}{5\angle -15^\circ}=44\angle 45^\circ(\Omega)$$

$$R=|Z|\cos\varphi=44\times\cos 45^\circ=31.1(\Omega)$$

$$L=\frac{|Z|\sin\varphi}{\omega}=\frac{44\sin 45^\circ}{314}=99(\mathrm{mH})$$

$$P=I^2R=5^2\times 31.1=777.5(\mathrm{W})$$

3－78　如图 3－31 所示电路，$i_s=\sqrt{2}\sin(10^4t)\mathrm{A}$，$Z_1=(10+\mathrm{j}50)\Omega$，$Z_2=-\mathrm{j}50\Omega$。求 Z_1、Z_2 吸收的复功率。

解：

$$Y_1=\frac{1}{Z_1}=\frac{1}{10+\mathrm{j}50}=\frac{1}{51\angle 78.7^\circ}=0.0196\angle -78.7^\circ(\mathrm{S})$$

$$Y_2=\frac{1}{Z_2}=\frac{1}{-\mathrm{j}50}=\mathrm{j}0.02(\mathrm{S})$$

$$Y=Y_1+Y_2=0.00384-\mathrm{j}0.0192+\mathrm{j}0.02\approx 0.00392\angle 11.8^\circ(\mathrm{S})$$

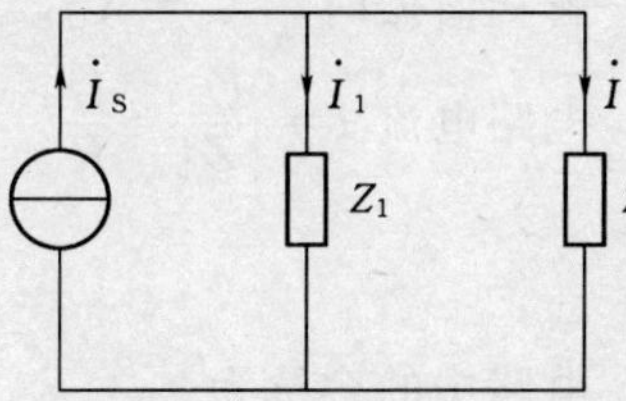

图 3－31

$$\dot{U}=\frac{\dot{I}_S}{Y}=\frac{1\angle 0^\circ}{0.00392\angle 11.8^\circ}=255\angle -11.8^\circ(\mathrm{V})$$

$$\dot{I}_1=\dot{U}Y_1=255\angle -11.8^\circ\times 0.0196\angle -78.7^\circ\approx -\mathrm{j}5(\mathrm{A})$$

$$\dot{I}_2=\dot{U}Y_2=255\angle -11.8^\circ\times \mathrm{j}0.02=5.1\angle 78.2^\circ(\mathrm{A})$$

$$\tilde{S}_1=\dot{U}\overset{*}{I}_1=255\angle -11.8\times 5\angle 90^\circ=1275\angle 78.2^\circ\approx 261+\mathrm{j}1248(\mathrm{VA})$$

$$\tilde{S}_2=\dot{U}\overset{*}{I}_2=255\angle -11.8^\circ\times 5.1\angle -78.2^\circ=-\mathrm{j}1300.5(\mathrm{VA})$$

3－79　如图 3－32 所示电路，$\dot{U}_{S1}=100\angle 0^\circ\mathrm{V}$，$\dot{U}_{S2}=\mathrm{j}100\mathrm{V}$，$Z_1=-\mathrm{j}2\Omega$，$Z_2=\mathrm{j}5\Omega$，

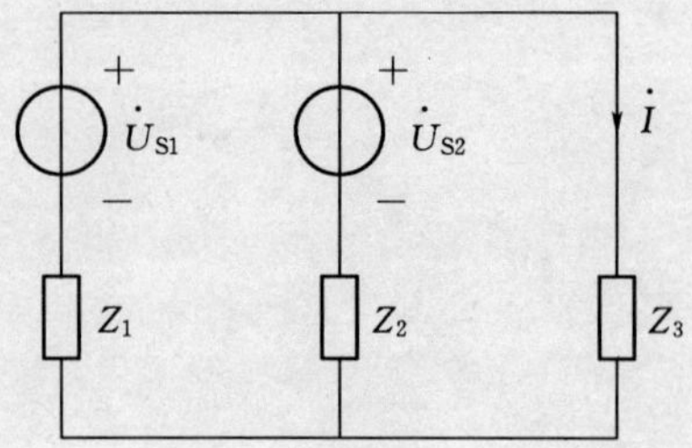

图 3-32

$Z_3=5\Omega$。用叠加定理求$\dot{I}$。

解：$\dot{U}_{S1}$单独作用时，电流为

$$\dot{I}'=\frac{\dot{U}_{S1}}{Z_1+\dfrac{Z_2Z_3}{Z_2+Z_3}}\frac{Z_2}{Z_2+Z_3}=\frac{\dot{U}_{S1}Z_2}{Z_1Z_2+Z_2Z_3+Z_3Z_1}$$

$$=\frac{j500}{10+j15}=23.1+j15.4(A)$$

$\dot{U}_{S2}$单独作用时，电流为

$$\dot{I}''=\frac{\dot{U}_{S2}}{Z_2+\dfrac{Z_1Z_3}{Z_1+Z_3}}\frac{Z_1}{Z_1+Z_3}=\frac{\dot{U}_{S2}Z_1}{Z_1Z_2+Z_2Z_3+Z_3Z_1}$$

$$=\frac{200}{10+j15}=6.16-j9.24(A)$$

根据叠加定理，可得

$$\dot{I}=\dot{I}'+\dot{I}''=29.26+j6.16=29.9\underline{/11.87^\circ}\ (A)$$

3-80 $R=300\Omega$、$X_L=446\Omega$ 的日光灯接在 $u=220\sqrt{2}\sin 100\pi t$V 的电源上。为了提高电路的功率因数，在日光灯两端并联一个 $C=4.75\mu F$ 的电容。求并联电容后电路的功率因数 $\cos\varphi$。

解：并联电容后电路的等效阻抗为

$$Z=(R+jX_L)//(-jX_C)=(300+j446)//\left(-j\frac{1}{100\pi\times 4.75\times 10^{-6}}\right)=800\underline{/0.5^\circ}(\Omega)$$

从而电路的功率因数为

$$\cos\varphi=\cos 0.5^\circ=0.999$$

3-81 一RLC串联电路在 $\omega_0=1000$rad/s 时发生谐振，此时端口电压 $U=10$mV，电容电压 $U_C=1$V，电流 $I=1$mA。试确定 R、L、C 的值。

解：谐振时，$X_L=X_C$，电路的阻抗 $Z=R+j(X_L-X_C)=R$。

电路电流 $I=\dfrac{U}{|Z|}=\dfrac{U}{R}$，故

$$R=\frac{U}{I}=\frac{10\times 10^{-3}}{1\times 10^{-3}}=10(\Omega)$$

电路中的容抗为

$$X_C=\frac{U_C}{I}=\frac{1}{1\times 10^{-3}}=1000\Omega=\frac{1}{\omega_0}$$

故
$$C=\frac{1}{\omega_0X_C}=\frac{1}{1000\times 1000}=1\times 10^{-6}(F)=1(\mu F)$$

电路中的感抗为

$$X_L=X_C=1000\Omega=\omega_0L$$

故
$$L=\frac{X_L}{\omega_0}=\frac{1000}{1000}=1(H)$$

3-82　线圈($R=10\Omega$，$L=0.01\text{H}$)与电容器串联的电路发生谐振。已知端口电压 $U=60\text{V}$,线圈两端电压 $U_{\text{RL}}=100\text{V}$。试求电路的谐振角频率 ω_0、电容两端电压 U_{C} 及电路的品质因数 Q。

解：RLC 电路发生串联谐振时，电阻电压与端口电压相等，电容电压与电感电压相等。故 $U_{\text{R}}=60\text{V}$。

电感电压为

$$U_{\text{L}}=\sqrt{U_{\text{RL}}^2-U_{\text{R}}^2}=\sqrt{100^2-60^2}=80(\text{V})$$

电容电压为

$$U_{\text{C}}=U_{\text{L}}=80\text{V}$$

电路的品质因数为

$$Q=\frac{U_{\text{C}}}{U}=\frac{80}{60}=\frac{4}{3}=\frac{1}{R}\sqrt{\frac{L}{C}}$$

电容为

$$C=\frac{L}{Q^2R^2}=\frac{0.01}{\left(\frac{4}{3}\right)^2\times 10^2}=0.5625\times 10^{-4}(\text{F})$$

电路的谐振角频率

$$\omega_0=\frac{1}{\sqrt{LC}}=\frac{1}{\sqrt{0.01\times 0.5625\times 10^{-4}}}=\frac{4000}{3}(\text{rad/s})$$

3-83　有一 RLC 串联电路，其中 $R=5\Omega$，$L=0.06\text{H}$，电源电压 $U=1\text{V}$。若电路在 $\omega=5000\text{rad/s}$ 时发生谐振。试求谐振时的电流 I_0，电容 C，电容电压 U_{C} 和品质因数 Q。

解：谐振时的电流

$$I_0=\frac{U}{|Z|}=\frac{U}{R}=\frac{1}{5}=0.2(\text{A})$$

谐振时 $\omega L=\frac{1}{\omega C}$，故电容为

$$C=\frac{1}{\omega^2 L}=\frac{1}{5000^2\times 0.06}=0.67(\mu\text{F})$$

电路的品质因数为

$$Q=\frac{\omega L}{R}=\frac{1}{\omega CR}=\frac{1}{R}\sqrt{\frac{L}{C}}=60$$

电容电压为

$$U_{\text{C}}=\frac{1}{\omega C}I_0=QU=60(\text{V})$$

第 4 章　耦合电感元件的概念及同名端测试

一、选择题

4-1　互感系数的大小与（　　）无关。

A. 两线圈的结构　　B. 两线圈的电流大小

C. 两线圈的相对位置　　D. 两线圈周围的磁环境

4-2　对于 $L_1=1\text{H}$、$L_2=9\text{H}$ 的耦合电感，若能实现全耦合，则互感 M 为（　　）H。

A. 1　　B. 2　　C. 3　　D. 5

4-3　耦合电感如图 4-1 所示，若线圈 2 开路，则下列说法中正确的是（　　）。

A. 两线圈中都是既有自感电压又有互感电压　　B. 线圈 2 中只有互感电压

C. 线圈 1 中只有自感电压　　D. B 和 C 都对

4-4　对图 4-2 所示电路有 $u_2=$（　　）。

A. $u_2=L_2\dfrac{di_2}{dt}+M\dfrac{di_1}{dt}$　　B. $u_2=L_2\dfrac{di_2}{dt}-M\dfrac{di_1}{dt}$

C. $u_2=L_2\dfrac{di_1}{dt}-M\dfrac{di_2}{dt}$　　D. $u_2=-L_2\dfrac{di_2}{dt}-M\dfrac{di_1}{dt}$

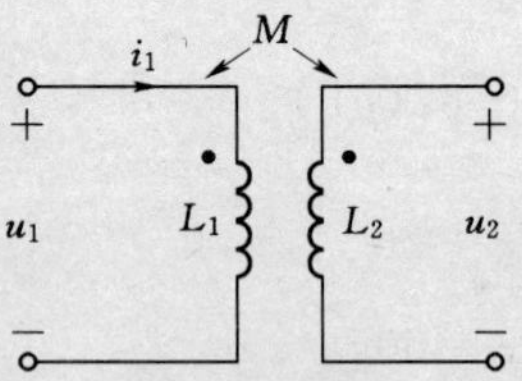

图 4-1

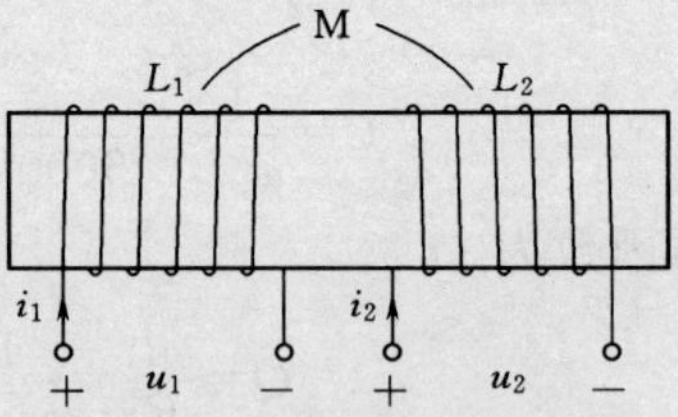

图 4-2

4-5　互感线圈的同名端与（　　）有关。

A. 两线圈的绕向　　B. 两线圈电流的参考方向

C. 两线圈的相对位置　　D. 两线圈的绕向及相对位置

4-6　如图 4-3 所示三个线圈，线圈 1 和线圈 2 的同名端是（　　），线圈 2 和线圈 3 的同名端是（　　）。

A. 1 与 2　　B. 1 与 2′

C. 2 与 3　　D. 2 与 3′

4－7　如图 4－4 所示电路，若用电压表测得 $U_3=10V$，$U_1=15V$，$U_2=5V$，则可判断（　　）是同名端。

A. 1 与 2　　B. 1 与 3　　C. 1 与 4　　D. 2 与 4

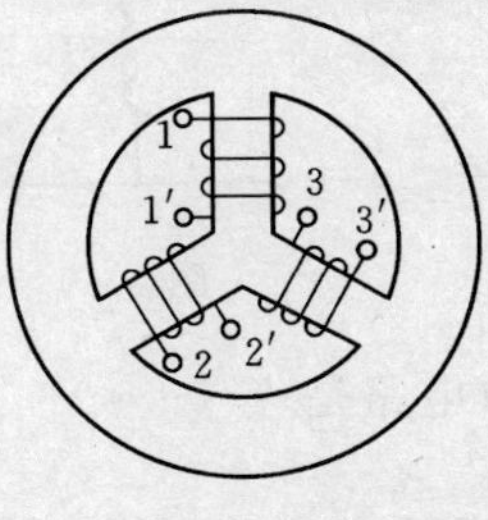

图 4－3

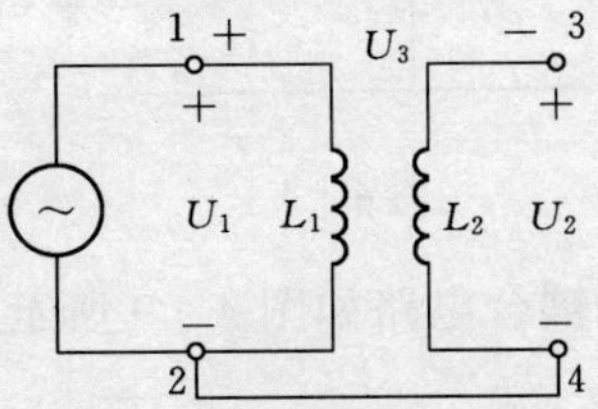

图 4－4

4－8　如图 4－5 所示电路，当开关 S 断开瞬间，若毫安表的指针正偏，则可断定与（　　）为同名端。

A. 1 与 2　　B. 1 与 1′　　C. 1′与 2′　　D. 1 与 2′

4－9　如图 4－6 所示电路，$i=5\sin100t$A，$M=0.1$H，则电压 u_{AB} 为（　　）V。

A. $u=50\sin100t$　　B. $u=-50\sin100t$

C. $u=50\cos100t$　　D. $u=-50\cos100t$

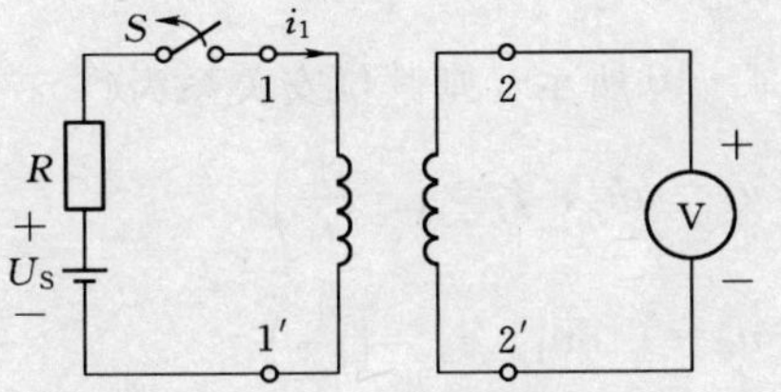

图 4－5

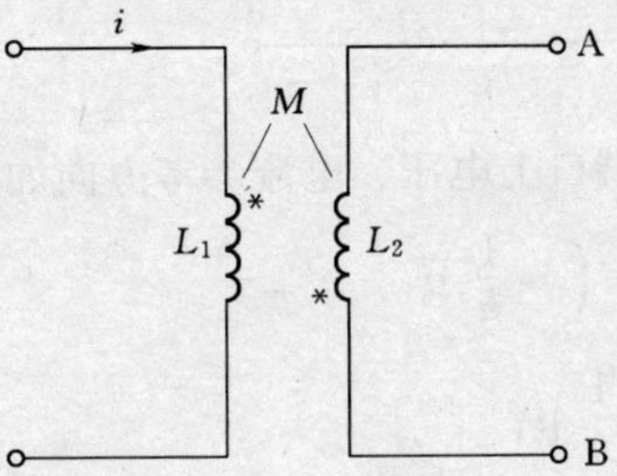

图 4－6

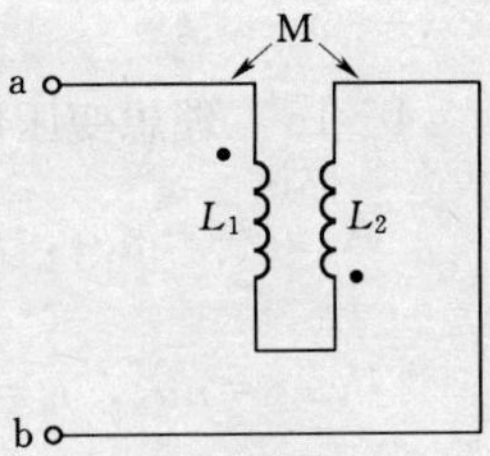

图 4－7

4－10　如图 4－7 所示电路，$L_1=6$H，$L_2=3$H，$M=2$H，则 ab 两端的等效电感为（　　）H。

A. 7　　B. 5　　C. 13　　D. 11

4－11　两耦合线圈顺向串联时等效电感为 0.9H，反向串联时等效电感为 0.5H，则可确定其互感 M 为（　　）H。

A. 0.1　　B. 0.2　　C. 0.4　　D. 无法确定

4－12　两个耦合线圈，$L_1=0.8$H，$L_2=0.7$H，$M=0.5$H，电阻不计，电源电压有效值不变，则两者反向串联时的电流为顺向串联时电流的（　　）。

A. 5 倍　　B. 2 倍　　C. $\frac{1}{2}$　　D. $\frac{1}{5}$

4－13　如图 4－8 所示二端网络的等效阻抗为（　　）Ω。

A. 0　　B. j1.5　　C. j2　　D. j2.5

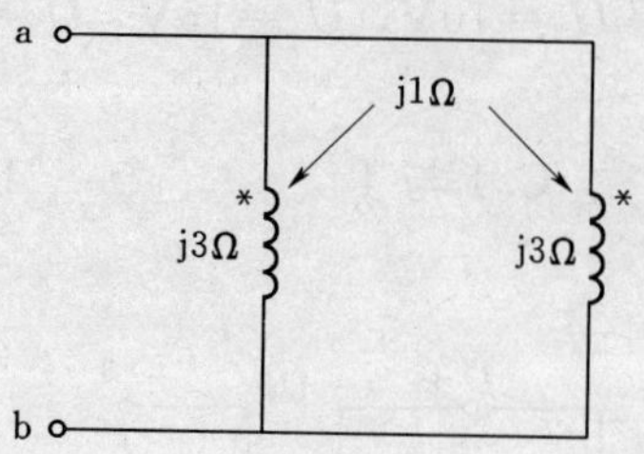

图 4－8

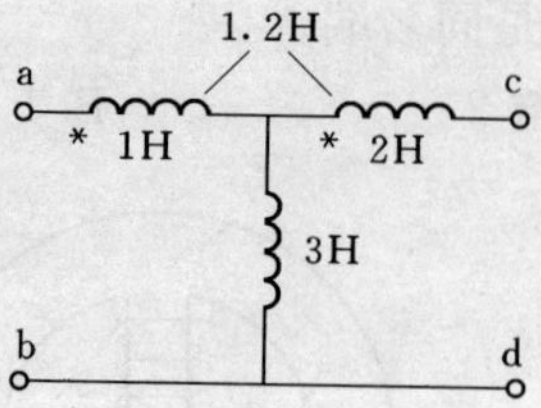

图 4－9

4－14　若原耦合电路如图 4－9 所示，则其等效电路是（　　）。

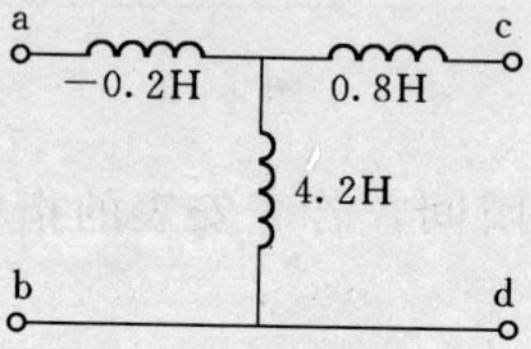

A

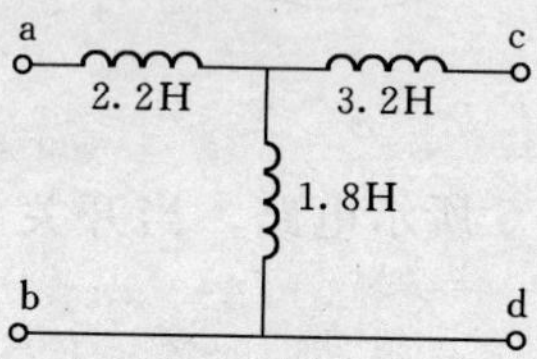

B

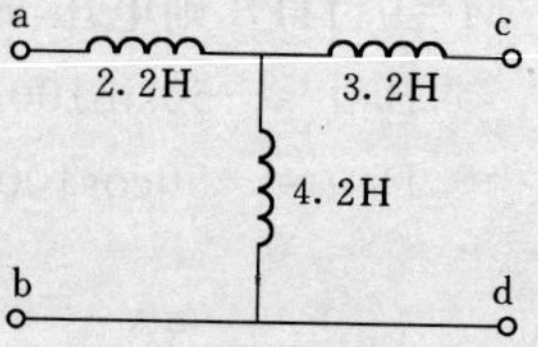

C

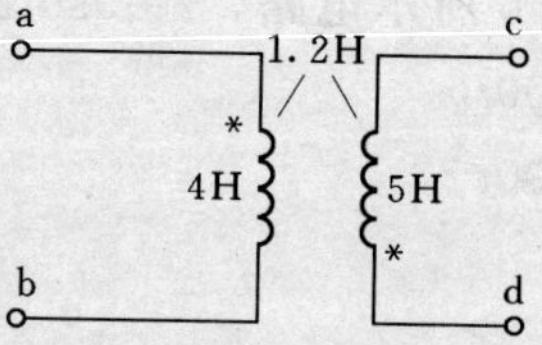

D

4－15　理想变压器端口上电压、电流参考方向如图 4－10 所示，则其伏安关系为（　　）。

A. $u_2=-nu_1$，$i_2=\left(-\frac{1}{n}\right)i_1$　　　B. $u_2=nu_1$，$i_2=\left(-\frac{1}{n}\right)i_1$

C. $u_2=nu_1$，$i_2=\left(\frac{1}{n}\right)i_1$　　　D. $u_2=-nu_1$，$i_2=\left(\frac{1}{n}\right)i_1$

4－16　设理想变压器的变比为 1：2，若副边接有导纳 Y_L，则初级的输入导纳为（　　）。

A. $\frac{1}{4}Y_L$　　B. $\frac{1}{2}Y_L$　　C. $2Y_L$　　D. $4Y_L$

4－17　为使图 4－11 所示电路中 10Ω 电阻获得最大功率，理想变压器的变比 n 应为（　　）。

A. $\sqrt{10}$　　B. $\frac{1}{\sqrt{10}}$　　C. 10　　D. $\frac{1}{10}$

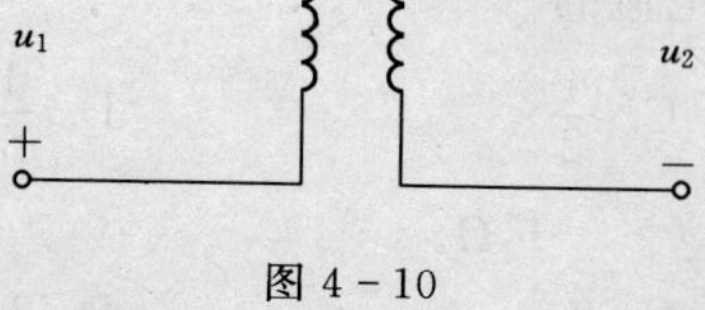

图 4－10

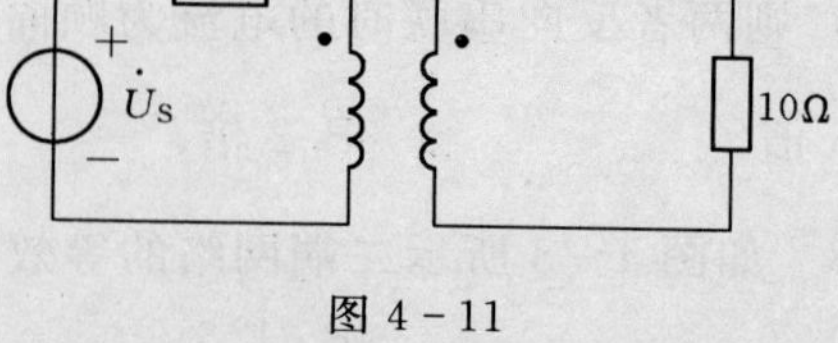

图 4－11

二、计算题

4－18　两耦合电感的自感系数分别为 $L_1=1\text{H}$、$L_2=4\text{H}$，耦合因数 $K=\frac{1}{2}$，求两线圈间的互感系数 M。

解：由耦合系数的定义得

$$M=K\sqrt{L_1L_2}=\frac{1}{2}\sqrt{1\times4}=1(\text{H})$$

4－19　如图 4－12 所示电路，(1) 当线圈 2 中无电流时，求 $u_{11'}$、$u_{22'}$；(2) 当电流 i_2 从线圈 2 的 2 端流入时，求 $u_{11'}$、$u_{22'}$。

解：(1) 当线圈 2 中无电流时，线圈 1 中只有自感电压，线圈 2 中只有互感电压。取自感电压参考方向与其电流参考方向一致，取互感电压参考方向与产生它的电流参考方向对同名端一致，则

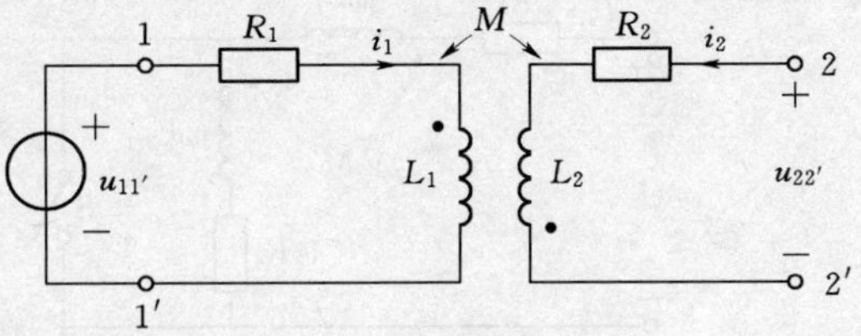

图 4－12

$$u_{11'}=R_1i_1+L_1\frac{\mathrm{d}i_1}{\mathrm{d}t}\quad u_{22'}=-M\frac{\mathrm{d}i_1}{\mathrm{d}t}$$

(2) 当电流 i_2 从线圈 2 的 2 端流入时，线圈 1 和线圈 2 中都既有自感电压，又有互感电压。取自感电压参考方向与其电流参考方向一致，取互感电压参考方向与产生它的电流参考方向对同名端一致，则

$$u_{11'}=R_1i_1+L_1\frac{\mathrm{d}i_1}{\mathrm{d}t}-M\frac{\mathrm{d}i_2}{\mathrm{d}t}\quad u_{22'}=R_2i_2+L_2\frac{\mathrm{d}i_2}{\mathrm{d}t}-M\frac{\mathrm{d}i_1}{\mathrm{d}t}$$

4－20　如图 4－13 所示电路，$M=0.04\text{H}$，求此串联电路的谐振频率。

解：两耦合电感为顺向串联，其等效电感为

$$L=L_1+L_2+2M=0.1+0.4+2\times0.04=0.58(\text{H})$$

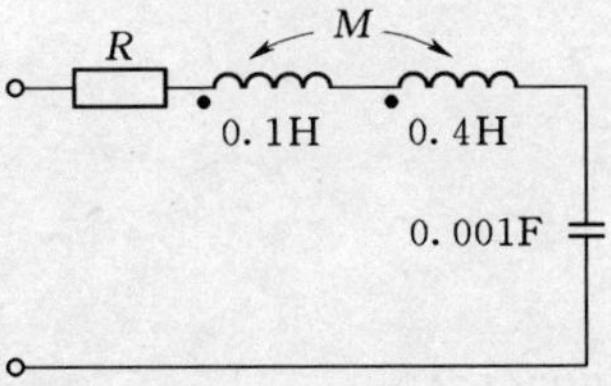

图 4－13

对串联谐振电路，谐振角频率为

$$\omega=\frac{1}{\sqrt{LC}}=\frac{1}{\sqrt{0.58\times0.001}}=41.52(\text{rad/s})$$

从而谐振频率为

$$f=\frac{\omega}{2\pi}=6.6(\text{Hz})$$

4－21　如图 4－14(a)所示电路，已知 X_{L1}，X_{L2}，X_M，R，试求该电路的阻抗 Z_{12}。

解：先将原电路进行去耦等效，得图 4－14(b)。利用阻抗的串并联可得

$$Z_{12}=-\mathrm{j}X_M+\frac{[R+\mathrm{j}(X_{L1}+X_M)]\times\mathrm{j}(X_{L2}+X_M)}{R+\mathrm{j}(X_{L1}+X_M)+\mathrm{j}(X_{L2}+X_M)}$$

4－22　如图 4－15(a)所示电路，$R_1=R_2=1\Omega$，$\omega L_1=3\Omega$，$\omega L_2=2\Omega$，$\omega M=2\Omega$，$\dot{U}_1=100\underline{/0^\circ}\text{V}$。求：(1) 开关 S 打开和闭合时的电流 $\dot{I}_1$；(2) S 闭合时各部分的复功率。

解：(1) 开关 S 打开时，两耦合电感为顺向串联。电路的等效阻抗为

$$Z=R_1+R_2+\mathrm{j}\omega(L_1+L_2+2M)=(2+\mathrm{j}9)(\Omega)$$

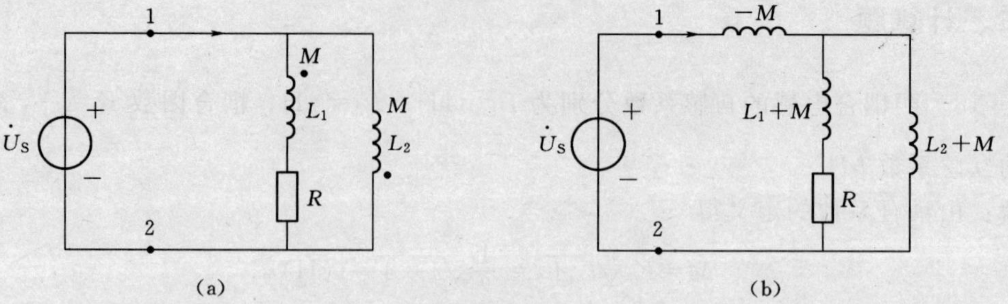

图 4-14

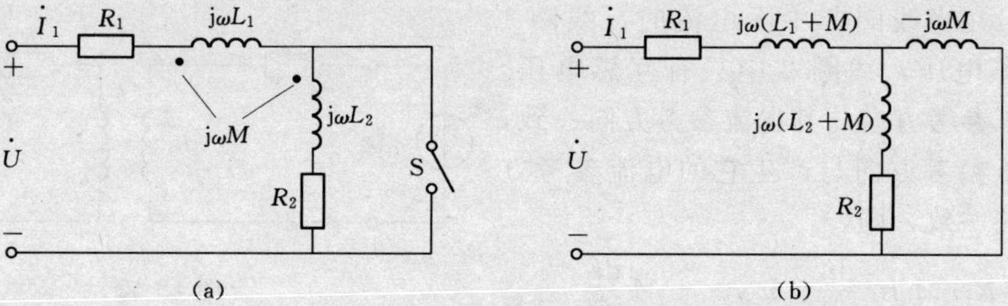

图 4-15

故电流为 $\dot{I}_1=\frac{\dot{U}_1}{Z}=\frac{100\angle 0^\circ}{2+j9}=\frac{100\angle 0^\circ}{9.22\angle 77.47^\circ}=10.85\angle -77.47^\circ(A)$

开关闭合时两电感为异侧相连，利用其去耦等效电路［图 4-15(b)］可得

$$Z=R_1+j\omega(L_1+M)+[R_2+j\omega(L_2+M)]//(-j\omega M)$$
$$=1+j5+\frac{(1+j4)(-j2)}{1+j4+(-j2)}=1+j5+0.8-j3.6$$
$$=1.8+j1.4=2.28\angle 37.88^\circ(\Omega)$$
$$\dot{I}_1=\frac{\dot{U}}{Z}=\frac{100\angle 0^\circ}{2.28\angle 37.88^\circ}=43.86\angle -37.88^\circ\ (A)$$

(2) 开关 S 闭合时，电源发出的复功率为

$$\tilde{S}=\dot{U}\dot{I}_1^*=100\angle 0^\circ\times 43.85\angle 37.88^\circ=4385\angle 37.88^\circ(VA)$$

线圈 2 两端电压为 0，故线圈 2 吸收的复功率为

$$\tilde{S}_{L_2}=0$$

由于复功率守恒，线圈 1 吸收的复功率为

$$\tilde{S}_{L_1}=\tilde{S}=4385\angle 37.88^\circ VA$$

4-23 如图 4-16(a)所示电路，试列出求解电流相量 $\dot{I}_1$ 和 $\dot{I}_2$ 所需的方程组。

解： 先对原电路中两异侧相连的耦合电感进行去耦等效，得图 4-16(b)。由网孔法得

$$[R_s+j\omega(L_1+M)+j\omega(L_2+M)]\dot{I}_1-j\omega(L_2+M)\dot{I}_2=\dot{U}_s$$

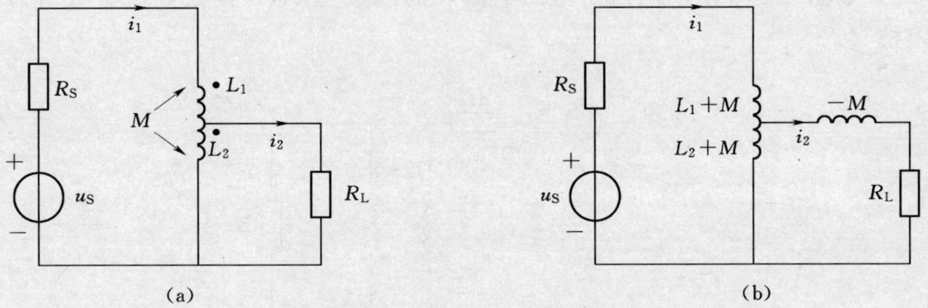

图 4－16

$$-j\omega(L_2+M)\dot{I}_1+[R_L+j\omega(L_2+M)-j\omega M]\dot{I}_2=0$$

4－24　如图 4－17 所示电路，已知两线圈的参数为：$R_1=R_2=100\Omega$，$L_1=3H$，$L_2=10H$，$M=5H$，正弦电源电压 $u=220\sqrt{2}\sin 100t V$。试求：(1) 两线圈的电流、总电流；(2) 两线圈的复功率、总复功率；(3) 两线圈的等效阻抗。

解：(1) 由已知得

$\dot{U}=220\angle 0°V$，$\omega=100rad/s$，$\omega L_1=100\times 3=300\Omega$，$\omega L_2=100\times 10=1000\Omega$，$\omega M=100\times 5=500\Omega$

由 KCL、KVl 得

$$\begin{cases}\dot{U}=j\omega L_1\dot{I}_1+j\omega M\dot{I}_2+R_1\dot{I}_1\\ \dot{U}=j\omega L_2\dot{I}_2+j\omega M\dot{I}_1+R_2\dot{I}_2\\ \dot{I}=\dot{I}_1+\dot{I}_2\end{cases}$$

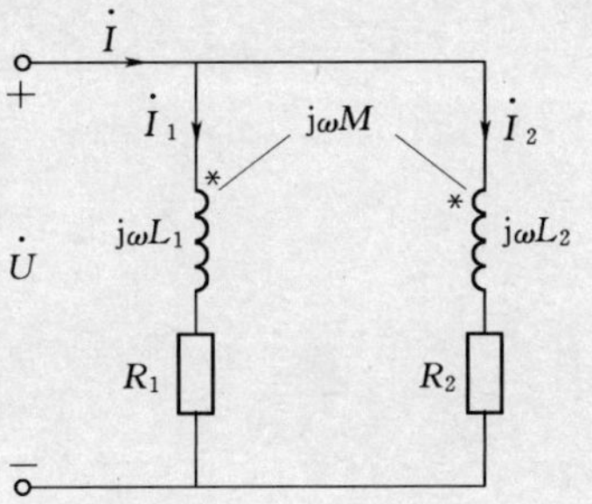

图 4－17

即

$$\begin{cases}220\angle 0°=j300\dot{I}_1+j500\dot{I}_2+100\dot{I}_1\\ 220\angle 0°=j1000\dot{I}_2+j500\dot{I}_1+100\dot{I}_2\\ \dot{I}=\dot{I}_1+\dot{I}_2\end{cases}$$

联立求解得两线圈的电流、总电流分别为

$$\dot{I}=0.584\angle -50.7°A$$

$$\dot{I}_1=0.827\angle -28.4°A$$

$$\dot{I}_2=0.363\angle -170.4°A$$

(2) 两线圈的复功率、总复功率分别为

$$\tilde{S}_1=\dot{U}\dot{I}_1^*=220\angle 0°\times 0.827\angle 28.4°=181.9\angle 28.4°(VA)$$

$$\tilde{S}_2=\dot{U}\dot{I}_2^*=220\angle 0°\times 0.363\angle 170.4°=79.9\angle 170.4°(VA)$$

$$\tilde{S}=\tilde{S}_1+\tilde{S}_2=181.9\angle 28.4°+79.9\angle 170.4°=81.2+j99.7(VA)$$

(3)两线圈的等效阻抗

$$Z=\frac{\dot{U}}{\dot{I}}=\frac{220\angle 0°}{0.584\angle -50.7°}=377\angle 50.7°(\Omega)$$

4－25　如图 4－18 所示电路，已知电流表的读数为 5A，正弦电压有效值为 5V，求电路的阻抗 Z。

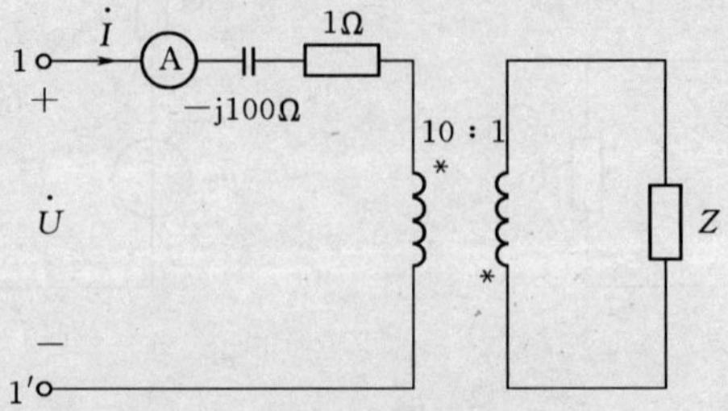

图 4－18

解：根据理想变压器变换阻抗的特性，副边阻抗 Z 折合到原边的阻抗为

$$Z'=n^2Z=10^2Z=100Z$$

则原边的输入阻抗（总阻抗）为

$$Z_0=-\mathrm{j}100+1+Z'=-\mathrm{j}100+1+100Z$$

由已知得，电路的输入阻抗为

$$|Z_0|=\frac{U}{I}=\frac{5}{5}=1(\Omega)$$

故　$$100Z=\mathrm{j}100\Omega \qquad Z=\mathrm{j}1\Omega$$

第5章　三相电路的计算

一、选择题

5-1　三相对称电源相电压 $u_B=220\sqrt{2}\sin\omega t$V。当作星形连接时的线电压 u_{CA} 为（　　）V。

A. $380\sqrt{2}\sin(\omega t-90°)$　　B. $380\sqrt{2}\sin(\omega t+90°)$

C. $220\sqrt{2}\sin(\omega t-90°)$　　D. $220\sqrt{2}\sin(\omega t+90°)$

5-2　图5-1所示电路接至对称三相电压源，负载相电流 $\dot{I}_{AB}$ 与线电流 $\dot{I}_A$ 的关系为（　　）。

A. $\dot{I}_{AB}=\dot{I}_A$

B. $\dot{I}_{AB}=\sqrt{3}\dot{I}_A$

C. $\dot{I}_{AB}=\frac{1}{\sqrt{3}}\dot{I}_A\angle-30°$

D. $\dot{I}_{AB}=\frac{1}{\sqrt{3}}\dot{I}_A\angle30°$

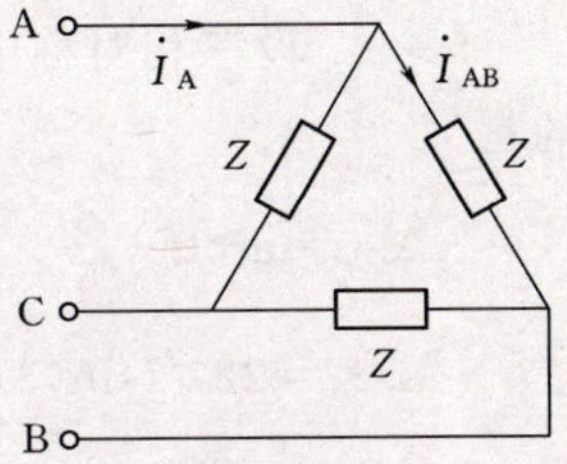

图5-1

5-3　对称三相电路中，下列结论不正确的是（　　）。

A. 负载作星形连接，必须有中线

B. 负载作三角形连接，线电流必为相电流的$\sqrt{3}$倍

C. 负载作星形连接，线电压必为相电压的$\sqrt{3}$倍

D. 负载作星形连接，线电流等于相电流

5-4　对于不对称的三相三线制电路，有（　　）。

A. 线电压 $u_{AB}+u_{BC}+u_{CA}\neq0$，线电流 $i_A+i_B+i_C\neq0$

B. 线电压 $u_{AB}+u_{BC}+u_{CA}\neq0$，线电流 $i_A+i_B+i_C=0$

C. 线电压 $u_{AB}+u_{BC}+u_{CA}=0$，线电流 $i_A+i_B+i_C\neq0$

D. 线电压 $u_{AB}+u_{BC}+u_{CA}=0$，线电流 $i_A+i_B+i_C=0$

5-5　三角形连接的对称负载电路，以下表达式正确的是（　　）。

A. $P=\sqrt{3}\dot{U}_L\dot{I}_L\cos\varphi$　　B. $\dot{U}_{AB}=\sqrt{3}\dot{U}_A\angle30°$

C. $P=3\dot{U}_p\dot{I}_p\cos\varphi$　　D. $\dot{I}_A=\sqrt{3}\dot{I}_{AB}\angle-30°$

5-6　关于三相对称电路的功率因数角，以下阐述不正确的是（　　）。

A. 相电压超前相电流的相位　　B. $\varphi=\arctan\dfrac{Q}{P}$

C. 每相阻抗的阻抗角　　D. 线电压超前线电流的相位

5-7　如图5-2所示对称三相电路，开关K打开后 I_A 将（　　）。

A. 为零　　B. 变小　　C. 不变　　D. 变大

5-8　如图5-3所示对称三相电路，线电流 $\dot{I}_A$ 为（　　）。

A. $\dfrac{\dot{U}_A}{Z+Z_N}$　　B. $\dfrac{\dot{U}_A}{Z+3Z_N}$　　C. $\dfrac{\dot{U}_A}{Z+Z_N/3}$　　D. $\dfrac{\dot{U}_A}{Z}$

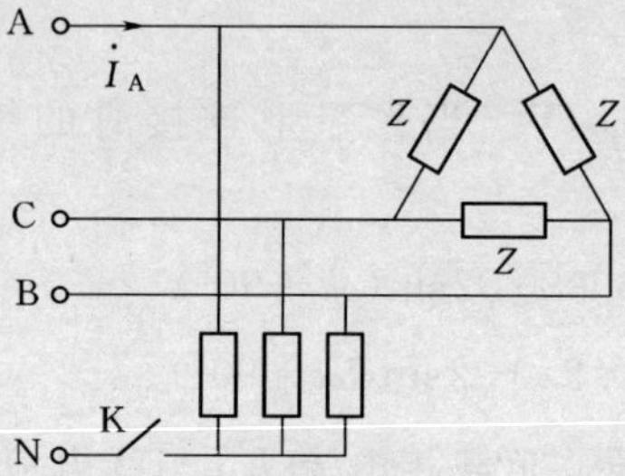

图5-2

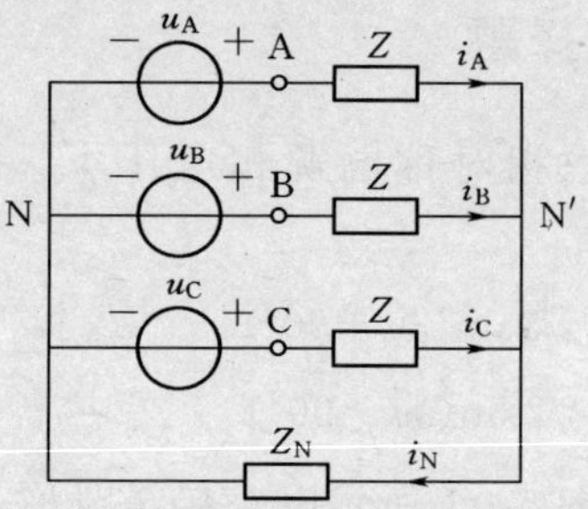

图5-3

5-9　设三相对称电路中 $\dot{U}_A=220\angle 0°$V，每相阻抗 $Z=(6+\mathrm{j}8)\ \Omega$，则以下各式错误的是（　　）。

A. $\varphi=\arctan\dfrac{8}{6}$

B. $i_A=22\sqrt{2}\sin(314t-53.1°)$A

C. $u_{AB}=380\sqrt{2}\sin(314t+30°)$V

D. $\varphi=\arctan\dfrac{6}{8}$

5-10　如图5-4所示对称三相四线制电路，已知线路阻抗 $Z_l=(1+\mathrm{j}1)\ \Omega$，负载阻抗 $Z=(5-\mathrm{j}9)\Omega$，若电源线电压 $\dot{U}_{AB}=380\angle 0°$V，则各支路电流相量为（　　）。

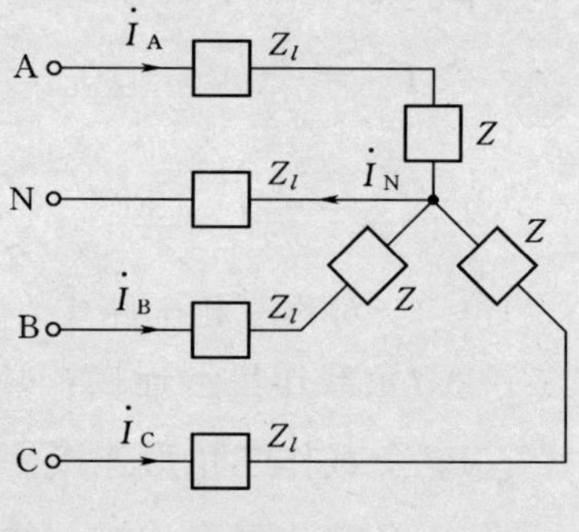

图5-4

A. $\dot{I}_A=22\angle 23.1°$A；$\dot{I}_B=22\angle 143.1°$A；$\dot{I}_C=22\angle -96.9°$A；$\dot{I}_N=66$A

B. $\dot{I}_A=22\angle 23.1°$A；$\dot{I}_B=22\angle -96.9°$A；$\dot{I}_C=22\angle 143.1°$A；$\dot{I}_N=22\sqrt{3}$A

C. $\dot{I}_A=22\angle 23.1°$A；$\dot{I}_B=22\angle 143.1°$A；$\dot{I}_C=22\angle -96.9°$A；$\dot{I}_N=0$A

D. $\dot{I}_A=22\angle 23.1°$A；$\dot{I}_B=22\angle -96.9°$A；$\dot{I}_C=22\angle 143.1°$A；$\dot{I}_N=0$A

5-11　对称三相电路中，电源连接不变，负载由三角形连接改为星形连接，负载相电流将是原来三角形连接时的（　　）。

A. 3倍　　B. $\sqrt{3}$倍　　C. 1倍　　D. $\dfrac{1}{\sqrt{3}}$

5-12　三相四线制电路中，中线的作用是（　　）。

A. 使负载对称　　B. 使负载线电压对称

C. 使负载相电压对称　　D. 使负载相电流对称

5-13　星形连接的对称三相负载接至线电压为 380V 的对称三相电压源，A 相负载开路且无中线时，B 相负载电压和中性点位移电压有效值分别为（　　）。

A. 190V；0V　　B. 220V；0V　　C. 220V；110V　　D. 190V；110V

5-14　如图 5-5 所示对称三相电路，开关 S 闭合时各电流表读数均为 5A，若开关 S 断开，则电流表 A_1 和 A_3 的读数分别为（　　）。

A. 0A；5A　　B. 2.5A；5A　　C. 5A；2.5A　　D. 5A；5A

5-15　如图 5-6 所示三相电路接至对称三相电压源，各相电流有效值为 10A。中线电流 I_N 为（　　）A。

A. 10　　B. 14.1　　C. 17.32　　D. 0

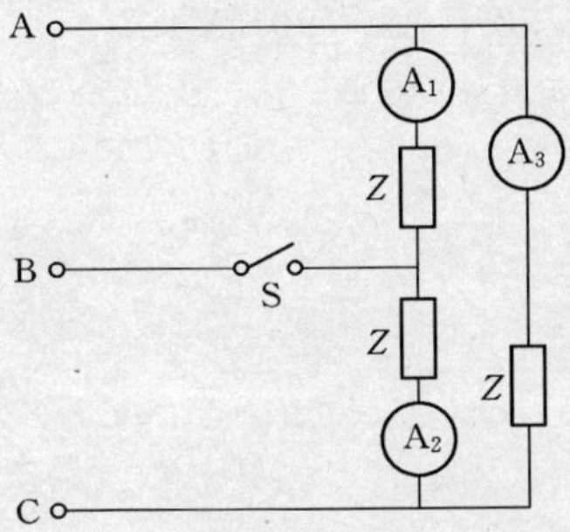

图 5-5

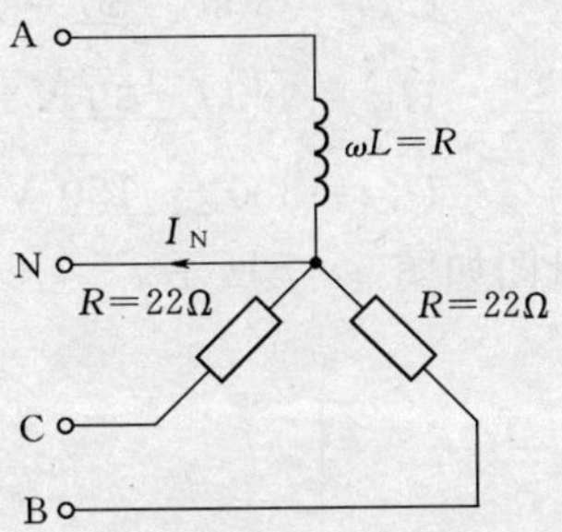

图 5-6

5-16　关于不对称三相电路，下列说法正确的是（　　）。

A. 星形连接的对称三相电压源给星形负载供电，若中点位移电压 U_{NN} 越大，则负载各相电压越小

B. 三角形连接负载不能正常工作

C. 三相不对称负载作星形连接时，必须要有 $Z_N=0$ 的中线才能正常工作，中线上允许装开关和熔断器

D. 三角形不对称负载一相开路不影响其他两相的工作

5-17　三相对称电路的瞬时功率（　　）。

A. 随时间变化较快　　B. 等于其视在功率

C. 等于其有功功率　　D. 等于其无功功率

5-18　在目前常用的测量方法中，测量不对称的三相四线制电路负载的功率，适用（　　）。

A. 一表法　　B. 二表法　　C. 三表法　　D. 各方法均可

5-19　采用两表法测量三相三线制电路的功率时，如果甲表读数为 13W，乙表读数为 25W，则该三相三线制电路的功率为（　　）W。

A. 12　　B. 26.87　　C. 14　　D. 38

5-20 使用两表跨相法测对称三相电路的无功功率时，若两表的读数分别为 W_1、W_2，则三相无功功率 Q 为（　　）。

A. W_1+W_2　　B. $\frac{\sqrt{3}}{2}(W_1+W_2)$　　C. $\sqrt{3}(W_1+W_2)$　　D. $\frac{W_1+W_2}{2}$

二、计算题

5-21 已知对称三相电源星形连接，A 相电压为 $\dot{U}_A=220\angle 60^\circ$V，频率 $f=50$Hz。(1) 写出各相电压瞬时值表达式；(2) 写出线电压的相量式；(3) 作相量图。

解：(1)
$$\omega=2\pi f=2\times3.14\times50=314(\text{rad/s})$$
$$u_A=220\sqrt{2}\sin(314t+60^\circ)\text{V}$$
$$u_B=220\sqrt{2}\sin(314t-60^\circ)\text{V}$$
$$u_C=220\sqrt{2}\sin(314t+180^\circ)\text{V}$$

(2)
$$\dot{U}_{AB}=\sqrt{3}\,\dot{U}_A\angle 30^\circ=\sqrt{3}\times220\angle 60^\circ\times\angle 30^\circ=380\angle 90^\circ(\text{V})$$
$$\dot{U}_{BC}=380\angle -30^\circ\text{V}$$
$$\dot{U}_{CA}=380\angle -150^\circ\text{V}$$

(3) 相量图如图 5-7 所示。

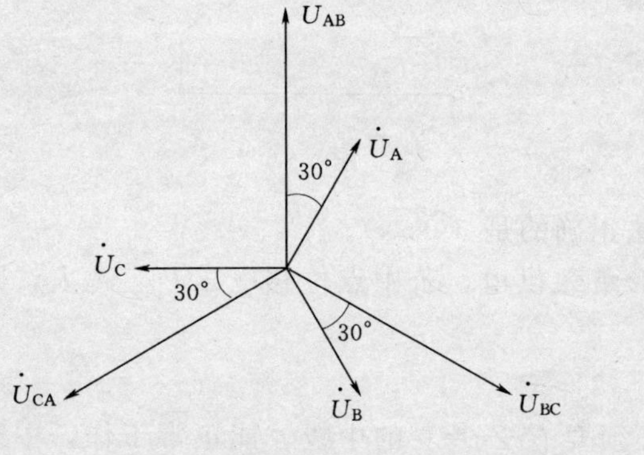

图 5-7

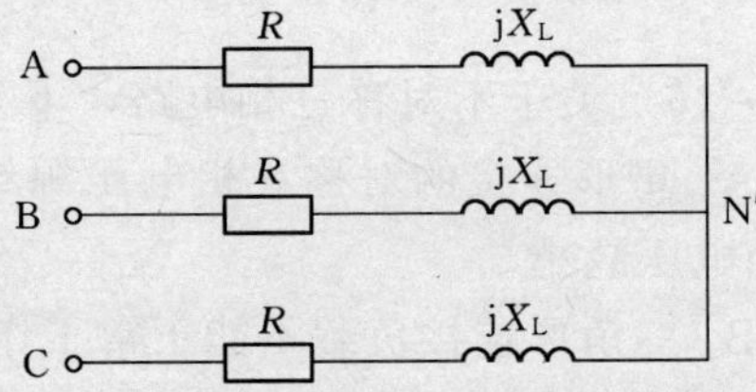

图 5-8

5-22 有一三相电动机，绕组为星形连接，如图 5-8 所示，每相阻抗 $Z=(12+j16)\ \Omega$，电源线电压为 380V，$f=50$Hz。(1) 求负载相电压、相电流有效值；(2) 写出相电流 i_A、线电压 u_{CA} 的瞬时值表达式；(3) 求三相负载的有功功率、无功功率。

解：(1) 负载为星形连接时，其相电压等于电源相电压。

负载相电压（即电源相电压）为
$$U_p=\frac{380}{\sqrt{3}}=220(\text{V})$$

负载相电流为
$$I_p=\frac{U_p}{|Z|}\frac{220}{\sqrt{12^2+16^2}}=11(\text{A})$$

该电流也是电路线电流。

(2) 设 $\dot{U}_A = 220\angle 0°$V。

负载阻抗角为

$$\varphi = \arctan\frac{16}{12} = 53.1°$$

该角也是相电压超前相电流的角度。

则相电流

$$i_A = 11\sqrt{2}\sin(314t - 53.1°)\text{A}$$

线电压根据线电压和相电压之间的关系，可得

$$u_{CA} = 380\sqrt{2}\sin(314t + 150°)\text{V}$$

(3) 三相负载的有功功率为

$$P = \sqrt{3}U_l I_l\cos\varphi = \sqrt{3}\times 380\times 11\times\cos 53.1° = 4.35(\text{kW})$$

三相负载的无功功率为

$$Q = \sqrt{3}U_l I_l\sin\varphi = \sqrt{3}\times 380\times 11\times\sin 53.1° = 5.79(\text{kvar})$$

5-23 每相阻抗为 $Z=(12+\text{j}16)\Omega$ 的三相电动机，若将绕组作三角形连接，如图 5-9 所示，接入线电压有效值为 380V、$f=50$Hz 的交流电源。(1) 求负载相电流、线电流有效值；(2) 写出线电流 i_A 的瞬时值表达式；(3) 求三相负载的有功功率、无功功率。

解： 负载作三角形连接时，其相电压等于电路线电压。

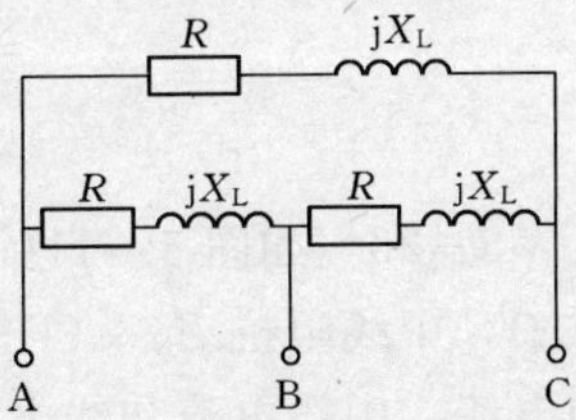

图 5-9

(1) 负载相电流为

$$I_p = \frac{U_p}{|Z|} = \frac{380}{\sqrt{12^2+16^2}} = \frac{380}{20} = 19(\text{A})$$

从而线电流为

$$I_l = \sqrt{3}\times 19 = 32.9\ (\text{A})$$

(2) 负载阻抗角为 $\varphi = \arctan\frac{16}{12} = 53.1°$，该角也是负载相电压超前相电流的相位差。

设 $\dot{U}_{AB} = 380\angle 0°$V，则

$$\dot{I}_{AB} = I_p\angle 0°-\varphi = 19\angle -53.1°(\text{A})$$

$$\dot{I}_A = I_l\angle 0°-\varphi-30° = 32.9\angle -83.1°(\text{A})$$

$f=50$Hz 时，$\omega = 2\pi f = 314$rad/s。线电流 i_A 的瞬时值表达式为

$$i_A = 32.9\sqrt{2}\sin(314t - 83.1°)\text{A}$$

(3)
$$P = 3U_p I_p\cos\varphi = 3\times 380\times 19\times\cos 53.1° = 13.0(\text{kW})$$

$$Q = 3U_p I_p\sin\varphi = 3\times 380\times 19\times\sin 53.1° = 17.3(\text{kW})$$

5-24 如图 5-10 所示对称三相电路，线电压 $U_l = 380$V，负载阻抗 $Z=(6+\text{j}8)\Omega$，中线阻抗 $Z_N = 2\angle 55°\Omega$。求各线电流相量和中线电流。

解： 对称三相电路负载作星形连接时，中线不起作用。各相负载相电压等于电源相电压。

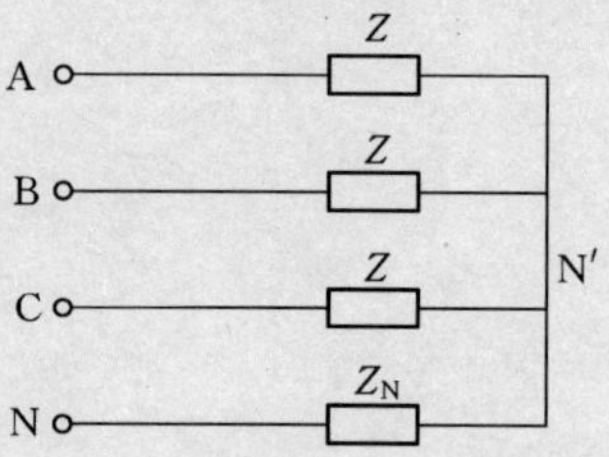

图 5-10

设电源相电压 $\dot{U}_{AN}=220\angle 0^\circ V$，则负载相电流为

$$\dot{I}_A=\frac{\dot{U}_{AN}}{Z}=\frac{220\angle 0^\circ}{6+j8}=\frac{220\angle 0^\circ}{10\angle 53.1^\circ}=22\angle -53.1^\circ(A)$$

根据对称性可得

$$\dot{I}_B=22\angle -53.1^\circ-120^\circ=22\angle -173.1^\circ(A)$$

$$\dot{I}_C=22\angle -53.1^\circ+120^\circ=22\angle 66.9^\circ(A)$$

中线电流为　$\dot{I}_N=\dot{I}_A+\dot{I}_B+\dot{I}_C=0$

5-25　某线电压为 380V 的对称三相电路，负载的总功率 P 为 2850W，功率因数 $\lambda=0.5$（感性），求负载作三角形连接时每相负载的电阻 R 和感抗 X_L 分别为多少？

解：负载作三角形连接时，其相电压等于电路线电压。

设 $\dot{U}_{AB}=380\angle 0^\circ V$，由 $P=3U_pI_p\cos\varphi$ 得

负载相电流

$$I_{AB}=\frac{P}{3U_p\cos\varphi}=\frac{2850}{3\times 380\times 0.5}=5(A)$$

由 $\lambda=\cos\varphi=0.5$ 得，功率因数角（即阻抗角，也是相电压超前相电流的相位差）为

$$\varphi=\arccos 0.5=60^\circ$$

从而各相负载阻抗为

$$Z_\Delta=\frac{U_{AB}}{I_{AB}}\angle\varphi=\frac{380}{5}\angle 60^\circ=76\angle 60^\circ=(38+j66)(\Omega)$$

故

$$R=38\Omega, X_L=66\Omega$$

5-26　如图 5-11(a)所示对称三相电路，电源线电压为 380V，端线阻抗 $Z_l=(2+j1)\Omega$，中线阻抗 $Z_N=(1+j1)\Omega$，负载阻抗 $Z=(165+j84)\Omega$。画一相计算电路，求负载端相电流、中线电流和线电压，并画出电路的相量图。

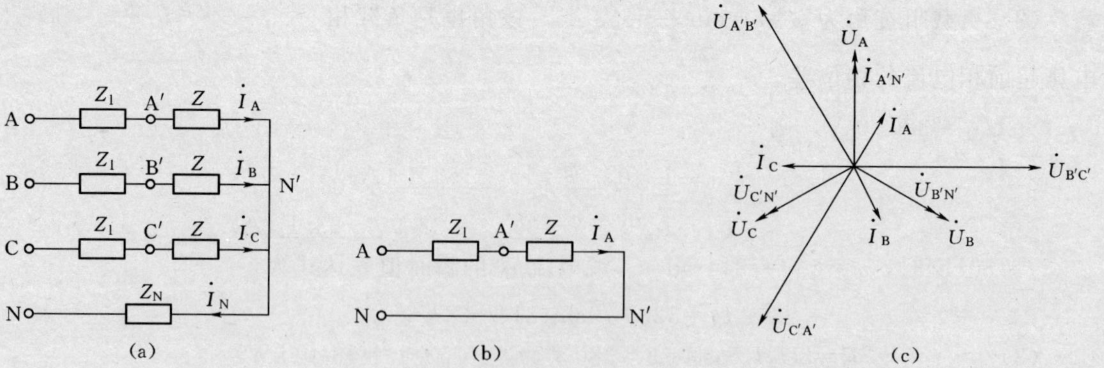

图 5-11

解：对称三相电路负载作星形连接时，中线不起作用。各相负载相电压等于电源相电压。

取 A 相进行计算，作 A 相单线如图 5-11(b)所示。

设 $$\dot{U}_A=\frac{380}{\sqrt{3}}\angle 0^\circ=220\angle 0^\circ(\text{V})$$

一相总阻抗为

$$Z'=Z_l+Z=(2+\text{j}1)+(165+\text{j}84)=167+\text{j}85=187.4\angle 27^\circ(\Omega)$$

从而负载相电流为

$$\dot{I}_A=\frac{\dot{U}_A}{Z'}=\frac{220\angle 0^\circ}{187.4\angle 27^\circ}=1.17\angle -27^\circ(\text{A})$$

由对称条件可得

$$\dot{I}_B=1.17\angle -27^\circ\text{A}\quad \dot{I}_C=1.17\angle 93^\circ\text{A}$$

中线电流为

$$\dot{I}_N=\dot{I}_A+\dot{I}_B+\dot{I}_C=0$$

负载相电压为

$$\dot{U}_{A'N'}=\dot{I}_A Z=1.17\angle -27^\circ\times(165+\text{j}84)=1.17\angle -27^\circ\times 185\angle 27^\circ=216.6\angle 0^\circ(\text{V})$$

负载线电压为

$$\dot{U}_{A'B'}=\sqrt{3}\dot{U}_{A'N'}\angle 30^\circ=375.2\angle 30^\circ(\text{V}),\dot{U}_{B'C'}=375.2\angle -90^\circ\text{V},\dot{U}_{C'A'}=375.2\angle 150^\circ\text{V}$$

电路的相量图如图 5-11(c)所示。

5-27 某对称三相电路，如图 5-12 所示，电源线电压为 380V，端线阻抗 $Z_l=(1.5+\text{j}2)\Omega$，三角形连接负载每相阻抗 $Z=(4.5+\text{j}14)\Omega$。(1) 求负载线电流和相电流；(2) 求负载端相电压 $\dot{U}_{A'B'}$。

解：(1) 将三角形负载转化为星形负载，则

$$Z_Y=\frac{Z}{3}=\frac{4.5+\text{j}14}{3}=(1.5+\text{j}4.67)(\Omega)$$

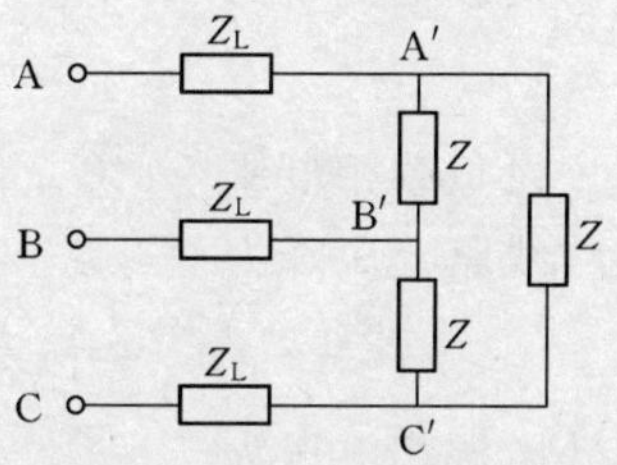

图 5-12

对称三相电路负载作星形连接时，负载相电压等于电源相电压。

设 $\dot{U}_A=\frac{380}{\sqrt{3}}\angle 0^\circ=220\angle 0^\circ\text{V}$，则星形连接电路的相电流（也是电路线电流）为

$$\dot{I}_A=\frac{\dot{U}_A}{Z_l+Z_Y}=\frac{220\angle 0^\circ}{1.5+\text{j}2+1.5+\text{j}4.67}=\frac{220\angle 0^\circ}{3+\text{j}6.67}=\frac{220\angle 0^\circ}{7.3\angle 65.8^\circ}=30.1\angle -65.8^\circ(\text{A})$$

回到原电路，三角形连接负载的相电流为

$$\dot{I}_{A'B'}=\frac{\dot{I}_A}{\sqrt{3}}\angle 30^\circ=17.4\angle -35.8^\circ(\text{A})$$

(2) 负载端相电压为

$$\dot{U}_{A'B'}=\dot{I}_{A'B'}Z=17.7\angle -35.8^\circ\times(4.5+\text{j}14)=17.4\angle -35.8^\circ\times 14.7\angle 72.8^\circ=255.78\angle 37^\circ(\text{V})$$

5-28 如图 5-13 所示对称三相电路，负载阻抗 $Z=\text{j}180\Omega$，线电压为 380V，端线阻抗 $Z_l=1\angle 60^\circ\Omega$。(1) 求电流 $\dot{I}_A$；(2) 求星形连接电压源相电压 $\dot{U}_A$ 和线电压 $\dot{U}_{AB}$。

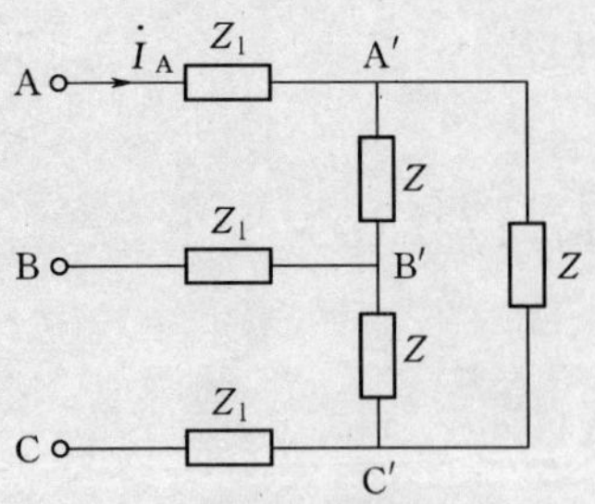

图 5-13

解：将三角形负载等效为星形负载

$$Z_Y=\frac{Z}{3}=j60(\Omega)$$

设负载相电压

$$\dot{U}_{A'N'}=\frac{U_1'}{\sqrt{3}}\angle 0°=220\angle 0°(V)$$

电路中的线电流为

$$\dot{I}_A=\frac{220\angle 0°}{60\angle 90°}=3.67\angle -90°(A)$$

线路上压降为

$$\dot{U}_{AA'}=\dot{I}_A Z_1=3.67\angle -90°\times 1\angle 60°=3.67\angle -30°=(3.18-j1.84)(V)$$

电源相电压为

$$\dot{U}_A=\dot{U}_{AA'}+\dot{U}_{A'N'}=223.18-j1.84=223.19\angle -0.47°(V)$$

电源线电压为

$$\dot{U}_{AB}=\sqrt{3}\dot{U}_A\angle 30°=386.57\angle 29.53°(V)$$

5-29　如图 5-14 所示三相电路，方框内星形连接对称负载的相电压为 50V、功率为 600W、功率因数为 0.8（感性）。求电源线电压。

解：负载相电流为

$$I_p=\frac{P}{3U_p\cos\varphi}=5(A)$$

负载阻抗角为

$$\varphi=\arccos 0.8=36.9°$$

设负载相电压　$\dot{U}_{A'N'}=50\angle 0°V$，则 $\dot{I}_A=5\angle -36.9°A$

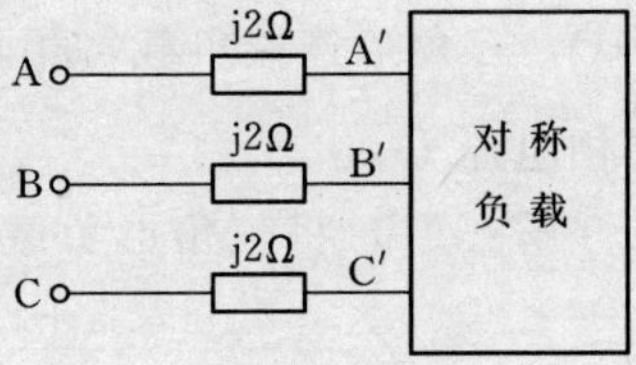

图 5-14

线路上压降为

$$\dot{U}_{AA'}=\dot{I}_A Z_1=5\angle -36.9°\times j2=10\angle 53.1°V=(6+j8)(V)$$

电源相电压为

$$\dot{U}_A=\dot{U}_{AA'}+\dot{U}_{A'N'}=6+j8+50=56+j8=56.6\angle 8.13°(V)$$

电源线电压为

$$U_l=\sqrt{3}U_A=98V$$

5-30　如图 5-15 所示对称三相电路，线电压为 380V，相序为 A—C—B，星形连接感性负载的三相功率为 660W，$\cos\varphi=0.5$。(1) 求负载各相电流相量；(2) 若 B 相负载断开，求 $\dot{I}_A$ 和 $\dot{I}_N$。

解：(1) 设 $\dot{U}_A=\frac{380}{\sqrt{3}}\angle 0°V$，则负相电流为

$$I_A=\frac{P}{3U_A\cos\varphi}=\frac{660}{3\times 220\times 0.5}=2(A)$$

相电压与相电流之间的相位差为

$$\varphi = \arccos 0.5 = 60°$$

故负载的各相电流相量为

$$\dot{I}_A = 2\angle -60° \text{A}, \dot{I}_B = 2\angle 60° \text{A}, \dot{I}_C = 2\angle -180° \text{A}$$

(2) 若B相负载断开，$\dot{I}_B = 0$。但由于有中线，A相和C相不受影响。故

$$\dot{I}_A = 2\angle -60° \text{A}, \dot{I}_C = 2\angle -180° \text{A}$$

从而中线电流为

$$\dot{I}_N = \dot{I}_A + \dot{I}_C = 2\angle -60° + 2\angle -180° = 2\angle -120° (\text{A})$$

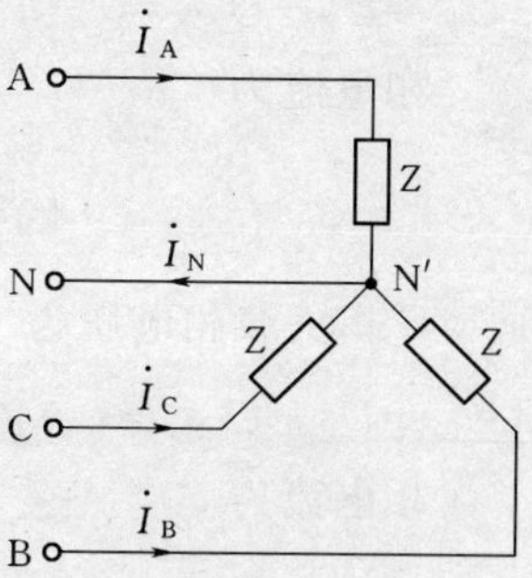

图 5-15

5-31　有一组星形连接的电阻负载，与线电压为380V的三相对称电源连接，分别构成三相三线制和三相四线制电路，如图5-16所示，$R_A = 10\Omega$，$R_B = 30\Omega$，$R_C = 60\Omega$，试求：(1) 三相三线电路中的各支路电流及负载电压；(2) 三相四线电路中各支路电流及负载电压；(3) 比较 (1)、(2) 两种情况结论，说明中线的作用。

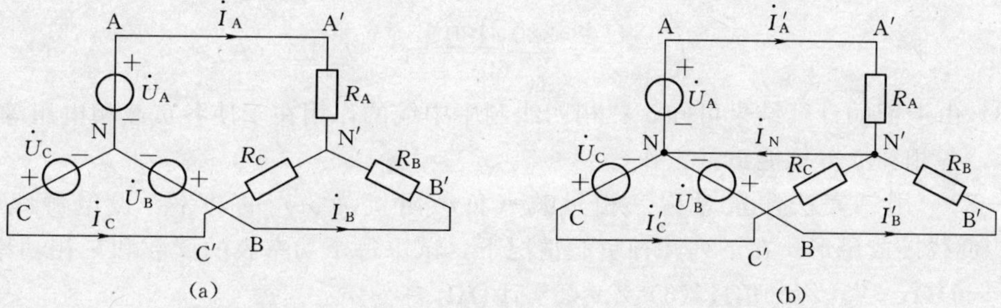

图 5-16

解：设　$\dot{U}_A = 220\angle 0° = 220\text{V}$

则　$\dot{U}_B = 220\angle -120° = (-110 - \text{j}190.5)\text{V}$

$\dot{U}_C = 220\angle 120° = (-110 + \text{j}190.5)\text{V}$

(1) 无中线时

$$\dot{U}_{N'N} = \frac{\dfrac{\dot{U}_A}{R_A} + \dfrac{\dot{U}_B}{R_B} + \dfrac{\dot{U}_C}{R_C}}{\dfrac{1}{R_A} + \dfrac{1}{R_B} + \dfrac{1}{R_C}} = \frac{\dfrac{220\angle 0°}{10} + \dfrac{220\angle -120°}{30} + \dfrac{220\angle 120°}{60}}{\dfrac{1}{10} + \dfrac{1}{30} + \dfrac{1}{60}} = (110 - \text{j}21.3)(\text{V})$$

A相负载相电压为

$$\dot{U}_{A'} = \dot{U}_A - \dot{U}_{N'N} = 220 - (110 - \text{j}21.3) = 110 + \text{j}21.3 = 112\angle 11° (\text{V})$$

相电流为

$$\dot{I}_A = \frac{\dot{U}_{A'}}{Z_A} = \frac{112\angle 11°}{10} = 11.2\angle 11° (\text{A})$$

B相负载相电压为

$$\dot{U}_{B'}=\dot{U}_B-\dot{U}_{N'N}=(-110-j190.5)-(110-j21.3)=-220-j169=277.4\angle{-142.5^\circ}(V)$$

相电流为

$$\dot{I}_B=\frac{\dot{U}_{B'}}{Z_B}=\frac{277.4\angle{-142.5^\circ}}{30}=9.25\angle{-142.5^\circ}(A)$$

C相负载相电压为

$$\dot{U}_{C'}=\dot{U}_C-\dot{U}_{N'N}=(-110+j190.5)-(110-j21.3)=-220+j211.8=305.4\angle{136.1^\circ}(V)$$

相电流为

$$\dot{I}_C=\frac{\dot{U}_{C'}}{Z_C}=\frac{305.4\angle{136.1^\circ}}{60}=5.09\angle{136.1^\circ}(A)$$

(2) 有中线时，各相负载相电压等于电源相电压

$$\dot{I}_A=\frac{\dot{U}_A}{Z_A}=\frac{220\angle{0^\circ}}{10}=22\angle{0^\circ}(A)$$

$$\dot{I}_B=\frac{\dot{U}_B}{Z_B}=\frac{220\angle{-120^\circ}}{30}=7.33\angle{-120^\circ}(A)$$

$$\dot{I}_C=\frac{\dot{U}_C}{Z_C}=\frac{220\angle{120^\circ}}{60}=3.67\angle{120^\circ}(A)$$

(3) 由上面的计算结果可知，三相四线制中中线的作用在于使各负载相电压等于电源相电压，各相独立，均能正常工作。

5-32 用二表法测量对称三相负载（负载阻抗为 Z）的功率，设电源线电压为380V，负载接成星形。在下列几种负载情况下，试求每个功率表的读数和三相功率：(1) $Z=(8+j6)\Omega$；(2) $Z=10\Omega$；(3) $Z=(5+j10)\Omega$。

解：电源相电压为 $U_p=U_l/\sqrt{3}=220V$，设 $\dot{U}_A=220\angle{0^\circ}V$。

(1) 负载阻抗 $Z=8+j6=10\angle{36.9^\circ}\Omega$。

A相负载相电流（即线电流）为

$$\dot{I}_A=\frac{\dot{U}_A}{Z}=\frac{220\angle{0^\circ}}{10\angle{36.9^\circ}}=22\angle{-36.9^\circ}(A)$$

两个功率表的读数分别为

$$P_1=U_lI_l\cos(30^\circ+\varphi)=380\times22\times\cos(30^\circ+36.9^\circ)=3280(W)$$

$$P_2=U_lI_l\cos(30^\circ-\varphi)=380\times22\times\cos(30^\circ-36.9^\circ)=8300(W)$$

三相总功率为

$$P=P_1+P_2=3280+8300=11580\ (W)$$

(2) 负载阻抗 $Z=10\angle{0^\circ}\Omega$。

A相负载相电流（即线电流）为

$$\dot{I}_A=\frac{\dot{U}_A}{Z}=\frac{220\angle{0^\circ}}{10\angle{0^\circ}}=22\angle{0^\circ}(A)$$

两个功率表的读数分别为

$$P_1=U_lI_l\cos(30^\circ+\varphi)=380\times22\times\cos(30^\circ+0^\circ)=7240(W)$$

$$P_2 = U_1 I_1 \cos(30° - \varphi) = 380 \times 22 \times \cos(30° - 0°) = 7240(\text{W})$$

三相总功率为 $$P = P_1 + P_2 = 7240 + 7240 = 14480(\text{W})$$

(3) 负载阻抗 $Z = 5 + \text{j}10 = 11.2\underline{/63.4°}\Omega$。

A 相负载相电流（即线电流）为

$$\dot{I}_A = \frac{\dot{U}_A}{Z} = \frac{220\underline{/0°}}{11.2\underline{/63.4°}} = 19.6\underline{/-63.4°}(\text{A})$$

两个功率表的读数分别为

$$P_1 = U_1 I_1 \cos(30° + \varphi) = 380 \times 19.6 \times \cos(30° + 63.4°) = -442(\text{W})$$

$$P_2 = U_1 I_1 \cos(30° - \varphi) = 380 \times 19.6 \times \cos(30° - 63.4°) = 6218(\text{W})$$

三相总功率为

$$P = P_1 + P_2 = -442 + 6218 = 5776(\text{W})$$

5-33 某台电动机的功率为 2.5kW，功率因数为 0.866，线电压为 380V（对称），如图 5-17(a)所示。求图中两个功率表的读数。

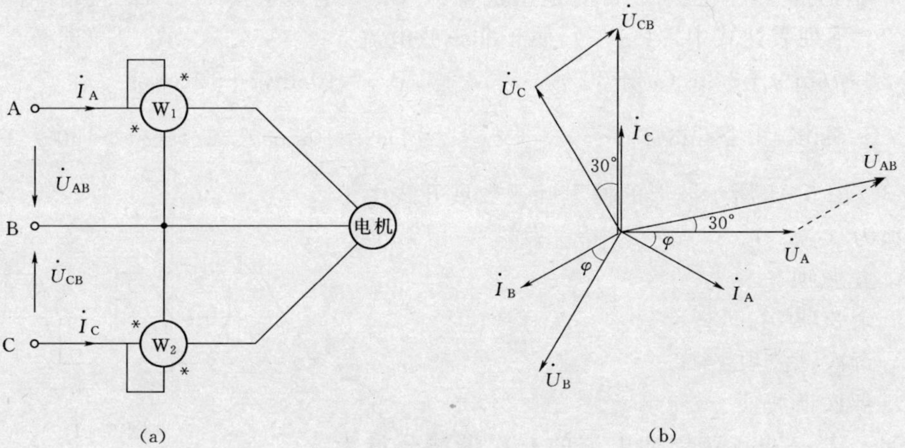

图 5-17

解： 以$\dot{U}_A$ 为参考相量作出此电路的相量图，如图 5-17(b)所示。

功率表 W_1 的读数为

$$P_1 = U_{AB} I_A \cos(30° + \varphi) = U_1 I_1 \cos(30° + \varphi)$$

功率表 W_2 的读数为

$$P_2 = U_{CB} I_C \cos(\varphi - 30°) = U_1 I_1 \cos(30° - \varphi)$$

而 $$\varphi = \arccos 0.866 = 30°$$

$$U_1 = 380\text{V}$$

$$I_1 = \frac{P}{\sqrt{3} U_1 \cos\varphi} = \frac{2500}{\sqrt{3} \times 380 \times 0.866} = 4.3861(\text{A})$$

故 $$P_1 = U_1 I_1 \cos(30° + \varphi) = 380 \times 4.3861 \times \cos(30° + 30°) = 833.5(\text{W})$$

$$P_2 = U_1 I_1 \cos(30° - 30°) = 380 \times 4.3861 = 1666.7(\text{W})$$

所以，功率表 W_1 的读数为 833.5W，功率表 W_2 的读数为 1666.7W。

第6章　非正弦周期电流电路的概念

一、选择题

6-1　一个线性电路中，如果电源电压是非正弦的，那么电路中产生的电流为(　　)。

A. 非正弦　　B. 可能是正弦　　C. 一定是正弦　　D. 视情况而定

6-2　下列表达式中，(　　)属于非正弦电流。

A. $i=7\sin\omega t+3\sin(\omega t+30°)$　　B. $i=10\sin\omega t+10\cos\omega t$

C. $i=5\sin\omega t+\frac{5}{3}\sin 3\omega t$　　D. $i=10\sin\omega t-5\cos(\omega t+150°)$

6-3　图6-1所示波形的傅里叶级数展开式中不存在的项为(　　)。

A. 正弦项

B. 余弦项

C. 奇次谐波项

D. 偶次谐波项

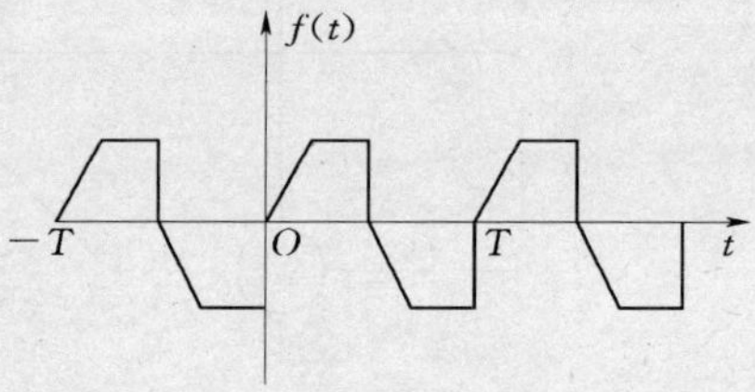

图6-1

6-4　若一非正弦周期电流的三次谐波分量为 $i_3=30\sin(3\omega t+30°)$A，则其三次谐波分量的有效值 $I_3=$(　　)A。

A. 30　　B. $3\sqrt{2}$　　C. $15\sqrt{2}$　　D. $7.5\sqrt{2}$

6-5　周期电压 $u=[0.2+0.8\sin(314t-10°)+0.21\sqrt{2}\sin(628t+20°)]$V 的有效值是(　　)V。

A. 0.54　　B. 0.64　　C. 0.74　　D. 0.84

6-6　关于非正弦周期量，下列说法中正确的是(　　)。

A. 非正弦周期量的有效值等于它的直流分量、基波及各次谐波有效值的和

B. 非正弦周期量的最大值为其有效值的$\sqrt{2}$倍

C. 非正弦周期量的有效值为直流分量及各次谐波分量的有效值的平方和的平方根

D. 非正弦周期量的傅里叶级数展开式中，其直流分量 A_0 是非正弦量在一个周期内的平均值，与计时起点的选择有关

6-7　关于非正弦周期电流电路的平均功率，下列说法中正确的是(　　)。

A. 不同频率的电压与电流能构成瞬时功率，也能构成平均功率

B. 不同频率的电压与电流能构成瞬时功率，但不能构成平均功率

C. 相同频率的电流与电压能构成瞬时功率，不能构成平均功率

D. 相同频率的电流与电压能构成平均功率，但不能构成瞬时功率

6-8　无源二端网络 N 的端口电压和电流取关联参考方向，两者分别为

$$u=\left[150\sin\left(314t+\frac{\pi}{2}\right)+30\sin\left(628t-\frac{\pi}{3}\right)+5\sin\left(942t-\frac{\pi}{4}\right)\right]\text{V}$$

$$i=\left[5\sin 314t+\sin\left(628t+\frac{\pi}{6}\right)\right]\text{A}$$

则该网络 N 消耗的平均功率 P 为（　　）W。

A. 0　　B. 551.7　　C. 780　　D. 1110

6-9　RL 串联电路，两端电压为矩形波 $u=\left(\frac{1}{2}+\frac{2}{\pi}\sin\omega t+\frac{2}{3\pi}\sin 3\omega t+\cdots\right)\text{V}$，基波角频率为 ω，则三次谐波电流的最大值相量为 $\dot{I}_{3m}=$（　　）A。

A. $\dfrac{\frac{2}{3\pi}}{R+\text{j}3\omega L}$　　B. $\dfrac{\frac{2}{3\pi}}{R+\text{j}\omega L}$　　C. $\dfrac{\frac{2}{3\pi}}{3R+\text{j}3\omega L}$　　D. $\dfrac{\frac{2}{3\pi}/\sqrt{2}}{R+\text{j}\omega L}$

6-10　RLC串联电路，$R=50\Omega$，$\omega L=3\Omega$，$\frac{1}{\omega C}=27\Omega$，则三次谐波作用下的谐波阻抗为（　　）Ω。

A. 80　　B. 50＋j90　　C. 50－j72　　D. 50

6-11　已知电感元件的电压电流取关联参考方向，若其电压 $u=(5\sin 50t+10\sin 100t)\text{V}$，$L=0.1\text{H}$，则其电流 i 为（　　）A。

A. $\sin(50t-90°)+\sin(100t-90°)$

B. $\sin(50t-90°)+0.5\sin(100t-90°)$

C. $\sin 50t+0.5\sin 100t$

D. $\sin 50t+\sin 100t$

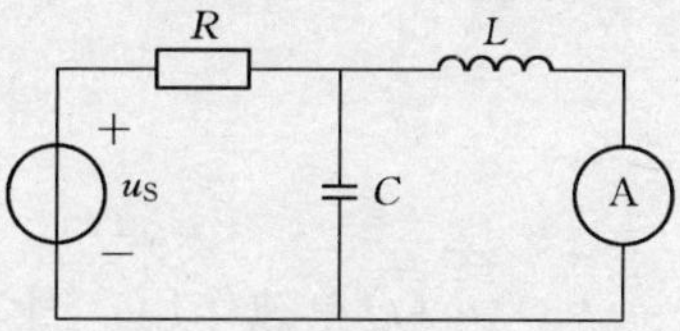

图 6-2

6-12　如图 6-2 所示电路，已知 $u_S=[60+160\sqrt{2}\sin(\omega t+30°)]\text{V}$，$R=20\Omega$，$X_L=X_C=40\Omega$，则电流表的读数为（　　）A。

A. 1　　B. 3　　C. 5　　D. 7

6-13　某铁芯线圈接至 220V 工频正弦电压，由于磁饱和的影响，其电流畸变为非正弦波。若已知此电流为 $i=[0.8\sin(314t-85°)+0.25\sin(942t-105°)]\text{A}$。则当正弦电压的初相为零时，等效正弦电流表达式为（　　）A。

A. $i=0.593\sqrt{2}\sin(314t-85.23°)$　　B. $i=0.593\sqrt{2}\sin(314t+85.23°)$

C. $i=0.593\sqrt{2}\sin(314t-90°)$　　D. $i=0.593\sqrt{2}\sin 314t$

6-14　若对称三相相电压包含三次谐波，则各相三次谐波电压彼此间的相位差为（　　）。

A. 120°　　B. 0°　　C. 240°　　D. 60°

6-15　对称三相电源三角形连接，若相电压 $u_A=(220\sqrt{2}\sin\omega t+110\sqrt{2}\sin 3\omega t)\text{V}$，则线电压有效值为（　　）V。

A. 380　　B. 220　　C. 246　　D. 425

6-16　对称三相三线制 Y—Y 电路，相电压中含有 1、3、5、7、9 次谐波，其有效值分别为 U_1、U_3、U_5、U_7、U_9，则中性点电压为（　　）。

A. $U_{N'N}=0$　　B. $U_{N'N}=\sqrt{U_3^2+U_9^2}$

C. $\dot{U}_{N'N}=\dot{U}_3+\dot{U}_9$　　D. $U_{N'N}=\sqrt{U_1^2+U_3^2+U_5^2+U_7^2+U_9^2}$

二、计算题

6-17　如图 6-3 所示的 RLC 串联电路，其中 $R=11\Omega$，$L=0.015\text{H}$，$C=70\mu\text{F}$，外加电压 $u(t)=(11+141.4\cos1000t-35.4\sin2000t)\text{V}$，试求电路中的电流 $i(t)$ 和电路消耗的功率。

解：　$u(t)=(11+141.4\cos1000t-35.4\sin2000t)\text{V}=U_0+u(t)_1+u_2(t)$

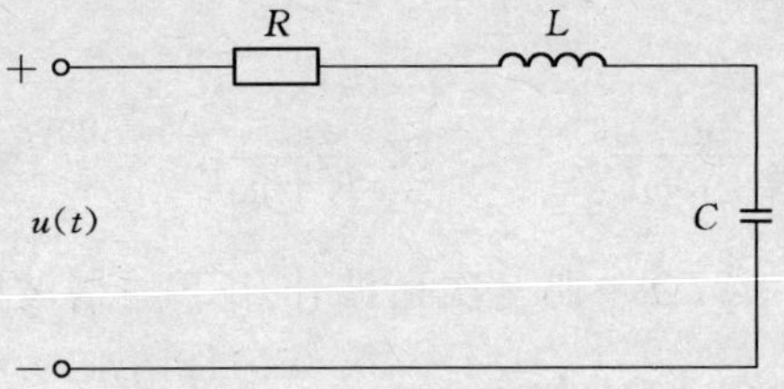

图 6-3

（1）直流分量单独作用，即 $U_0=11\text{V}$ 单独作用时，电容相当于开路，故 $I_0=0$。

（2）$u_1(t)$ 单独作用，因为

$$u_1(t)=141.4\cos1000t=141.4\sin(1000t+90°)(\text{V})$$

所以

$$\dot{U}_1=100\angle 90°\text{V}$$

$$X_{L1}=\omega L=1000\times0.015=15\ (\Omega)$$

$$X_{C1}=\frac{1}{\omega_1 C}=\frac{1}{1000\times70\times10^{-6}}=\frac{100}{7}=14.29(\Omega)$$

$$Z_1=R+\text{j}(X_{L1}-X_{C1})=11+\text{j}(15-14.29)=11+\text{j}0.71=11.02\angle 3.6°(\Omega)$$

$$\dot{I}_1=\frac{\dot{U}_1}{Z_1}=\frac{100\angle 90°}{11.02\angle 3.6°}=9.07\angle 86.4°(\text{A})$$

$$i_1(t)=12.83\sin(1000t+86.4°)\text{A}$$

（3）$u_2(t)$ 单独作用，因为

$$u_2(t)=-35.4\sin2000t=35.4\sin(2000t+180°)(\text{V})$$

所以

$$\dot{U}_2=\frac{35.4}{\sqrt{2}}\angle 180°=25\angle 180°\text{V}$$

$$X_{L2}=2X_{L1}=2\times15=30\Omega,X_{C2}=\frac{X_{C1}}{2}=7.145\Omega$$

$$Z_2=R+\text{j}(X_{L2}-X_{C2})=11+\text{j}(30-7.145)=11+\text{j}22.855=25.36\angle 64.3°(\Omega)$$

$$\dot{I}=\frac{\dot{U}}{Z_2}=\frac{25\angle 180°}{25.36\angle 64.3°}=0.986\angle 115.7°(\text{A})$$

$$i_2(t)=1.39\sin(2000t+115.7°)(\text{A})$$

故　$i(t)=I_0+i_1(t)+i_2(t)=12.83\sin(1000t+86.4°)+1.39\sin(2000t+115.7°)(\text{A})$

$$I=\sqrt{I_0^2+I_1^2+I_3^2}=\sqrt{9.07^2+0.986^2}\approx9.12(\text{A})$$

$$P=I^2R=9.12^2\times11=914.9(\text{W})$$

6-18　如图 6-4 所示电路，已知 $u=(20+4\sin2\omega t)\text{V}$，$R=10\Omega$，$\frac{1}{\omega C}=40\Omega$，$\omega L=$

10Ω。求电容支路电流 i_C 的表达式。

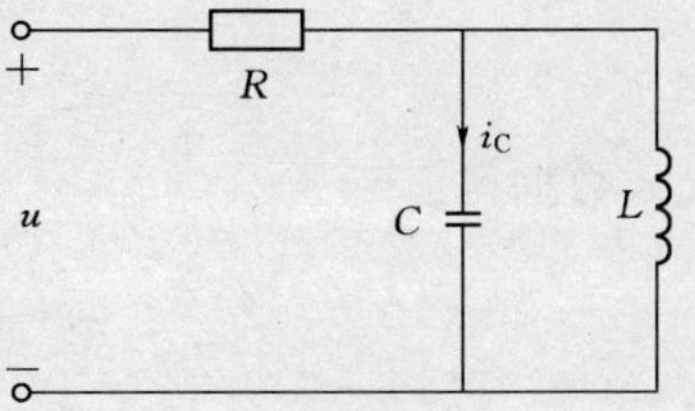

图 6-4

解：(1) 电源电压 u 的直流分量单独作用时，电感相当于短路，电容相当于开路，有

$$I_{C0}=0A$$

(2) 电源电压 u 的二次谐波分量单独作用时

$$2\omega L=\frac{1}{2\omega C}=20\Omega$$

可知电路发生并联谐振，此时 LC 并联部分阻抗为无穷大，相当于断路，故端口电流即电阻上的电流为零，电阻上的电压也为零。由 KVL 可知

$$u_{C2}=u_2=4\sin 2\omega t\,\text{V}$$

$$\dot{I}_{C2}=\frac{\dot{U}_{C2}}{-j20}=\frac{\frac{4}{\sqrt{2}}\angle 0^\circ}{20\angle -90^\circ}=\frac{0.2}{\sqrt{2}}\angle 90^\circ(\text{A})$$

(3) 电容支路电流 i_C 的瞬时表达式为

$$i_C(t)=I_{C0}+i_{C2}=0.2\sin(2\omega t+90^\circ)(\text{A})$$

6-19 RC 并联电路的端口电压和端口电流取关联参考方向，已知 $R=4\Omega$，$\frac{1}{\omega C}=3\Omega$，端口电流 $i=[1+10\sin(\omega t+30^\circ)]\text{A}$，求电压 u。

解：(1) 电流的直流分量 $I_0=1\text{A}$ 单独作用时，电容相当于开路，即

$$U_0=RI_0=4\times 1=4\text{V}$$

(2) 电流的基波分量 $i_1=10\sin(\omega t+30^\circ)\text{A}$ 单独作用时

$$\dot{I}_{1m}=10\angle 30^\circ\text{A}$$

$$Z_1=R//\left(-j\frac{1}{\omega C}\right)=\frac{4\times(-j3)}{4-j3}=\frac{12\angle -90^\circ}{5\angle -36.9^\circ}=2.4\angle -53.1^\circ(\Omega)$$

$$\dot{U}_{1m}=Z_1\dot{I}_{1m}=2.4\angle -53.1^\circ\times 10\angle 30^\circ=24\angle -23.1^\circ(\text{V})$$

(3) 电压 u 的瞬时值表达式为

$$u=U_0+u_1=[4+24\sin(\omega t-23.1^\circ)]\text{V}$$

6-20 有效值为 200V 的正弦电压加在电感 L 两端时，测得电流 $I=10\text{A}$。当加上含基波和三次谐波分量（基波频率与上述正弦电压频率相等）、有效值仍为 200V 的非正弦电压时，测得电流 $I'=8\text{A}$。试计算非正弦电压的基波和三次谐波的有效值。

解：由题意可得

$$X_{L1}=\frac{200}{10}=20\Omega$$

则

$$X_{L3}=3X_{L1}=60\Omega$$

加非正弦电压 $u=u_1+u_3$ 时，流过电感元件的电流 $i=i_1+i_3$。

且
$$I_1=\frac{U_1}{X_{L1}},I_3=\frac{U_3}{X_{L3}}$$

由题意可得

$$U=\sqrt{U_1^2+U_3^2}=200(\text{V})$$

$$I=\sqrt{I_1^2+I_3^2}=8(\text{A})$$

代入数据得

$$\begin{cases}U_1^2+U_3^2=200^2\\ \left(\dfrac{U_1}{20}\right)^2+\left(\dfrac{U_3}{60}\right)^2=8^2\end{cases}$$

解得 $U_1=154.4\text{V},\ U_3=127.3\text{V}$

6-21 如图 6-5 所示电路，无源一端口网络 N 的端口电压和端口电流分别为

$$u(t)=[100\sin 314t+50\sin(942t-30°)]\text{A}$$

$$i(t)=[10\sin 314t+1.75\sin(942t-\theta_3)]\text{A}$$

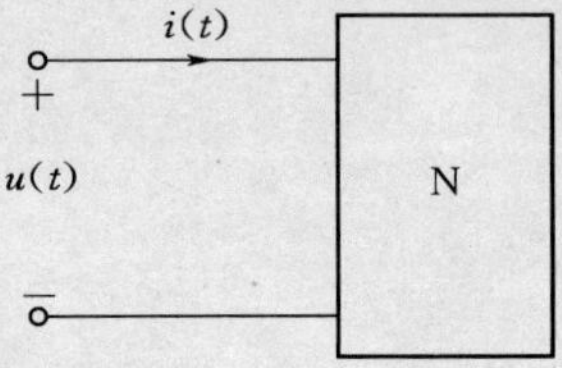

图 6-5

若把 N 看作为 RLC 串联电路，试求：(1) R，L，C 之值；(2) θ_3之值；(3) 电路消耗的功率。

解：(1) $u(t)=[100\sin 314t+50\sin(942t-30°)]=u_1(t)+u_3(t)$

$i(t)=[10\sin 314t+1.75\sin(942t-\theta_3)]=i_1(t)+i_3(t)$

当基波分量作用时：

由 $u_1(t)=100\sin 314t$，得

$$\dot{U}_1=\frac{100}{\sqrt{2}}\angle 0°\text{V}$$

由 $i_1(t)=10\sin 314t$，得

$$\dot{I}_1=\frac{10}{\sqrt{2}}\angle 0°\text{A}$$

因为 $\dot{U}_1$ 与 $\dot{I}_1$ 同相，所以 LC 串联分支对基波而言发生串联谐振，故

$$R=\frac{\dot{U}_1}{\dot{I}}=\frac{\frac{100}{\sqrt{2}}\angle 0°}{\frac{10}{\sqrt{2}}\angle 0°}=10(\Omega)$$

且

$$314=\frac{1}{\sqrt{LC}}\Rightarrow C=\frac{1}{314^2L}$$

当三次谐波分量作用时：

由 $u_3(t)=50\sin(942t-30°)\text{V}$

得

$$\dot{U}_3=\frac{50}{\sqrt{2}}\angle -30°$$

由 $i_3(t)=1.75\sin(942t-\theta_3)$

得

$$\dot{I}_3=\frac{1.75}{\sqrt{2}}\angle \theta_3\text{A}$$

故 $$|Z_3|=\frac{U_{(3)}}{I_{(3)}}=\frac{50/\sqrt{2}}{1.75/\sqrt{2}}=28.57(\Omega)$$

又 $$|Z_3|=\sqrt{R^2+\left(3\omega L-\frac{1}{3\omega C}\right)^2}=\sqrt{10^2+\left(942L-\frac{1}{942C}\right)^2}$$

故 $$10^2+\left(942L-\frac{1}{942C}\right)^2=816.24$$

$$\left(942L-\frac{1}{942C}\right)^2=716.24$$

$942L-\frac{1}{942C}=26.76$（因为角频率为 ω 时电路发生谐振，所以 3ω 时电路呈感性）

又因为 $$C=\frac{1}{314^2L}$$

所以 $$942L-\frac{1}{942\frac{1}{314^2L}}=26.76$$

$$942L-\frac{314L}{3}=26.76$$

故 $$L=31.9\text{mH}$$

$$C=\frac{1}{314^2\times31.9\times10^{-3}}=317.94(\mu\text{F})$$

（2）由题意得 $\dot{U}_3=\frac{50}{\sqrt{2}}\angle-30°\text{V}$，$\dot{I}_3=\frac{1.75}{\sqrt{2}}\angle\theta_3$

$$Z_3=R+\text{j}\left(942L-\frac{1}{942C}\right)=10+\text{j}\left(942\times31.9\times10^{-3}-\frac{1}{942\times317.94\times10^{-6}}\right)$$
$$=10+\text{j}(30-3.34)=28.47\angle69.44°(\Omega)$$

$$Z_3=\frac{\dot{U}_3}{\dot{I}_3}=\frac{U_3}{I_3}\angle-30°-\theta_3\approx28.47\angle69.44°$$

故 $$-30°-\theta_3=69.44°$$

$$\theta_3=-30°-69.44°=-99.44°$$

（3）$u_1(t)=100\sin314t$ 单独作用时

$$i_1(t)=10\sin314t$$

所以 $$P_1=I_1^2\times R=\left(\frac{10}{\sqrt{2}}\right)^2\times10=500(\text{W})$$

$u_3(t)=50\sin(942t-30°)\text{V}$ 单独作用时

$$i_3(t)=1.75\sin(942t-99.44°)\text{A}$$

$$P_3=I_3{}^2\times10=\left(\frac{1.75}{\sqrt{2}}\right)^2\times10=15.31(\text{W})$$

$$P=P_1+P_3=500+15.31=515.31(\text{W})$$

6-22 某对称三相星形连接的电路，电源相电压中含有基波与三次谐波，中线存在时负载线电流有效值为25A，无中线时的线电流有效值为24A，问当中线存在时，流过中线的电流有效值是多少？

解：中线的存在为三次谐波电流提供了通路，且中线电流为三次谐波电流的 3 倍。故有中线时，负载线电流由基波分量与三次谐波分量构成，设负载线电流的基波分量的有效值为 I_1，三次谐波分量的有效值为 I_3，根据题意有

$$\sqrt{I_1^2+I_2^2}=25(\text{A})$$

无中线时，负载线电流由基波分量构成，根据题意有

$$I_1=24\text{A}$$

联立以上两式，可解得

$$I_3=\sqrt{25^2-24^2}=7(\text{A})$$

所以当中线存在时，流过中线的电流有效值为

$$I_N=3I_3=3\times7=21(\text{A})$$

6－23　如图 6－6 所示对称三相电路，已知 $u_A=[308\sin\omega t-100\sin(3\omega t)]\text{V}$，基波阻抗 $Z_1=R+\text{j}\omega L=(10+\text{j}2)\Omega$，$Z_{N1}=\text{j}1\Omega$。试求线电流以及中线电流的有效值。

解：电源电压的正序对称组基波分量 $u_{A1}=308\sin\omega t\text{V}$ 单独作用时，中线不起作用。

$$\dot{U}_{A1}=\frac{308}{\sqrt{2}}\angle 0^\circ=217.8\angle 0^\circ(\text{V})$$

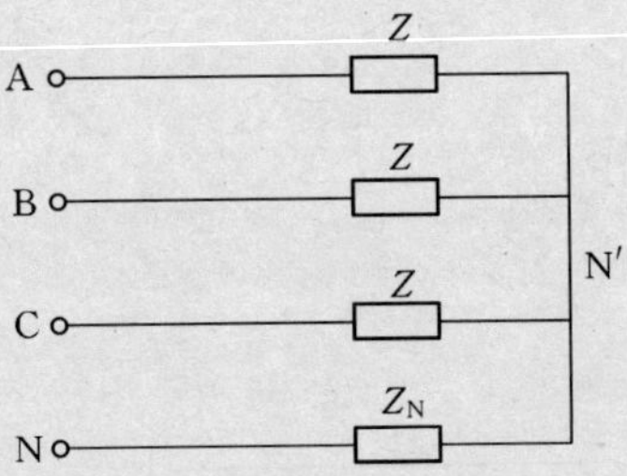

图 6－6

$$\dot{I}_{A1}=\frac{\dot{U}_{A1}}{Z_1}=\frac{217.8\angle 0^\circ}{10+\text{j}2}=\frac{217.8\angle 0^\circ}{10.2\angle 11.3^\circ}=21.4\angle -11.3^\circ(\text{A})$$

电源电压的零序对称组三次谐波分量 $u_{A3}=-100\sin3\omega t\text{V}$ 单独作用时

$$\dot{U}_{A3}=-\frac{100}{\sqrt{2}}\angle 0^\circ=-70.7\angle 0^\circ(\text{V})$$

$$\dot{I}_{A3}=\frac{\dot{U}_{A3}}{Z_3+3Z_{N3}}=\frac{-70.7\angle 0^\circ}{(10+3\times\text{j}2)+3\times3\times\text{j}1}=\frac{70.7\angle 180^\circ}{10+\text{j}15}=\frac{70.7\angle 180^\circ}{18\angle 56.3^\circ}=3.9\angle 123.7^\circ(\text{A})$$

线电流有效值为

$$I=\sqrt{I_1^2+I_3^2}=\sqrt{21.4^2+3.9^2}=21.8(\text{A})$$

中线电流的有效值为

$$I_N=3I_{A3}=3\times3.9=11.7(\text{A})$$

第7章　二端口网络的概念

一、选择题

7-1　下列结论不正确的是（　　）。

A. 二端口网络一定是四端网络　　B. 四端网络一定是二端口网络

C. 二端网络一定是一端口网络　　D. 一端口网络一定是二端网络

7-2　线性无源二端口网络的参数与（　　）无关。

A. 网络内部元件参数 B. 外加电源频率　C. 电源电压的大小 D. 网络的结构

7-3　二端口网络的四个变量 $\dot{U}_1$、$\dot{I}_1$、$\dot{U}_2$、$\dot{I}_2$ 中，导纳参数反映了（　　）。

A. 网络电压对电流的控制能力　　B. 网络电流对电压的控制能力

C. 二端口间的传输特性

D. 11′端口的电压、电流对22′端口电压、电流的控制能力

7-4　图7-1所示二端口网络的阻抗参数中，Z_{12}为（　　）Ω。

A. 4　　B. 6　　C. 5　　D. 8

7-5　对图7-2所示的二端口网络，下列说法正确的是（　　）。

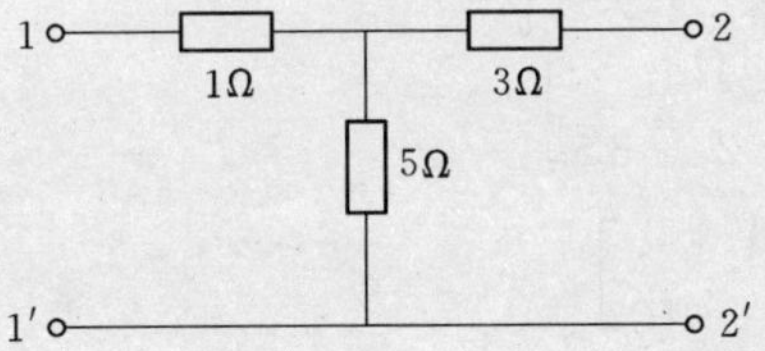

图7-1

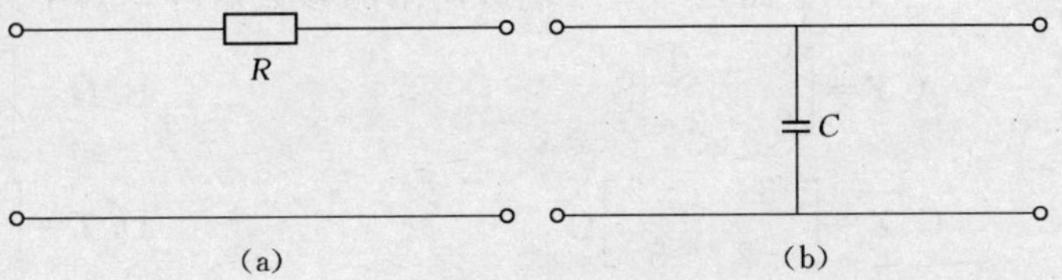

图7-2

A. 图7-2（a）的阻抗参数不存在，图7-2（b）的导纳参数不存在

B. 图7-2（a）、（b）的阻抗参数和导纳参数都不存在

C. 图7-2（a）的导纳参数不存在，图7-2（b）的阻抗参数不存在

D. 图7-2（a）、（b）的阻抗参数和导纳参数都存在

7-6　对于图7-3所示二端口网络，正确的说法是（　　）。

A. 这是对称网络　　B. 这是非互易网络

C. 这是互易网络　　D. 该网络满足 $Z_{12}=Z_{21}$

7-7　二端口网络的传输参数方程以（　　）为自变量。

A. $\dot{I}_1$、$\dot{I}_2$　　B. $\dot{U}_1$、$\dot{U}_2$　　C. $\dot{U}_2$、$-\dot{I}_2$　　D. $\dot{U}_2$、$\dot{I}_2$

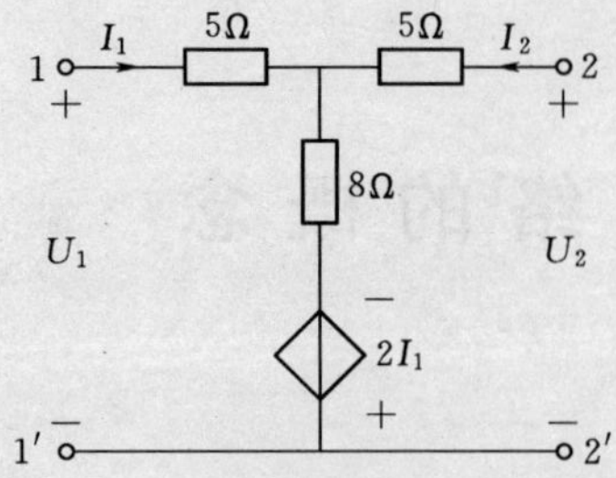

图 7-3

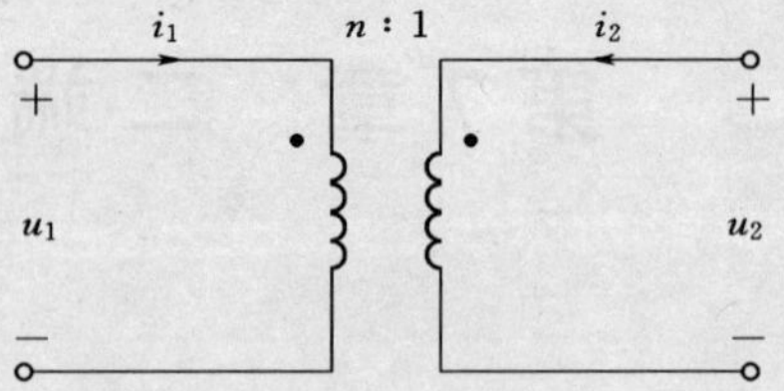

图 7-4

7-8　图 7-4 所示理想变压器的传输参数矩阵为（　　）。

A. $\begin{bmatrix} n & 0 \\ 0 & \frac{1}{n} \end{bmatrix}$　　B. $\begin{bmatrix} \frac{1}{n} & 0 \\ 0 & n \end{bmatrix}$　　C. $\begin{bmatrix} -\frac{1}{n} & 0 \\ 0 & -n \end{bmatrix}$　　D. $\begin{bmatrix} -n & 0 \\ 0 & -\frac{1}{n} \end{bmatrix}$

7-9　二端口网络的混合参数方程的形式为（　　）。

A. $\dot{U}_1 = H_{11}\dot{U}_2 + H_{12}\dot{I}_1$　　$\dot{I}_2 = H_{21}\dot{U}_2 + H_{22}\dot{I}_1$

B. $\dot{U}_1 = H_{11}\dot{U}_2 + H_{12}\dot{I}_2$　　$\dot{I}_1 = H_{21}\dot{U}_2 + H_{22}\dot{I}_2$

C. $\dot{I}_1 = H_{11}\dot{U}_1 + H_{12}\dot{I}_2$　　$\dot{U}_2 = H_{21}\dot{U}_1 + H_{22}\dot{I}_2$

D. $\dot{U}_1 = H_{11}\dot{I}_1 + H_{12}\dot{U}_2$　　$\dot{I}_2 = H_{21}\dot{I}_1 + H_{22}\dot{U}_2$

7-10　互易二端口网络满足（　　）。

A. $AD-BC=1$　　B. $Y_{12}=-Y_{21}$　　C. $H_{12}=H_{21}$　　D. $Z_{11}=Z_{22}$

7-11　下面是一些二端口网络的参数矩阵，其中具有对称性的是（　　）。

A. $\boldsymbol{Y}=\begin{bmatrix} 8 & -1 \\ 2 & 3 \end{bmatrix}$S　　B. $\boldsymbol{H}=\begin{bmatrix} -1\Omega & 2 \\ -2 & 3\text{S} \end{bmatrix}$

C. $\boldsymbol{Z}=\begin{bmatrix} 3 & -2 \\ -2 & 5 \end{bmatrix}\Omega$　　D. $\boldsymbol{T}=\begin{bmatrix} 0.1 & 0 \\ 0 & 10 \end{bmatrix}$

7-12　以下说法中正确的是（　　）。

A. Z、Y、H、T 四种参数在描述网络本身方面是等价的，且存在互求关系

B. Z、Y、H、T 四种参数在描述网络本身方面是不等价的，但存在互求关系

C. Z、Y、H、T 四种参数在描述网络本身方面是等价的，但不存在互求关系

D. Z、Y、H、T 四种参数在描述网络本身方面是不等价的，不存在互求关系

7-13　互易二端口网络有（　　）种等效电路。

A. 4　　B. 3　　C. 2　　D. 1

7-14　已知二端口网络的阻抗参数为 $Z_{11}=3\Omega$，$Z_{12}=Z_{21}=2\Omega$，$Z_{22}=4\Omega$，则此网络的 T 形等效电路中 $Z_3=$（　　）Ω。

A. 1　　　　　　　　B. 2　　　　　　　　C. 5　　　　　　　　D. -2

7-15　两个二端口网络级联时，总传输参数矩阵 T 与两个网络传输参数矩阵 T_1 和 T_2 的关系是（　　）。

A. $T=T_1+T_2$　　　　B. $T=T_1-T_2$　　　　C. $T=T_2\times T_1$　　　　D. $T=T_1\times T_2$

二、计算题

7-16　求图 7-5 所示二端口网络的导纳参数矩阵。

解：解法一：由 KCL、KVL 得

$$\begin{cases}\dot I_1=-\dot I_2\\ \dot U_1=3\dot U_2+2\dot I_1+\dot U_2\end{cases}$$

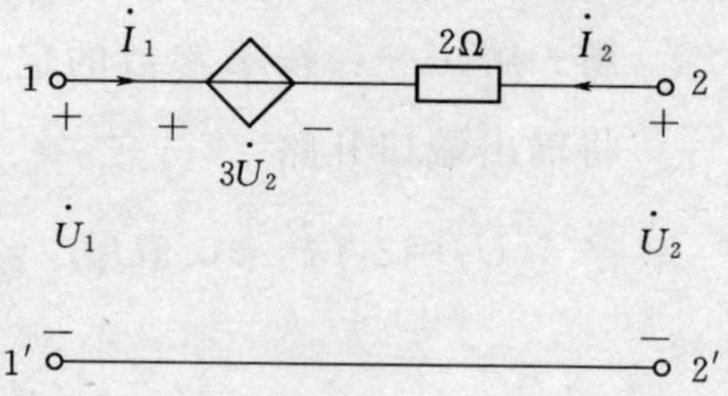

图 7-5

整理成导纳参数方程形式

$$\begin{cases}\dot I_1=\frac{1}{2}\dot U_1-2\dot U_2\\ \dot I_2=-\frac{1}{2}\dot U_1+2\dot U_2\end{cases}$$

所以导纳参数矩阵为

$$Y=\begin{bmatrix}\frac{1}{2} & -2\\ -\frac{1}{2} & 2\end{bmatrix}\text{S}$$

解法二：按 Y 参数的定义计算。将输出端口短路：$\dot U_2=0$，此时受控源 $3\dot U_2=0$，相当于短路。如图 7-6（a）所示。

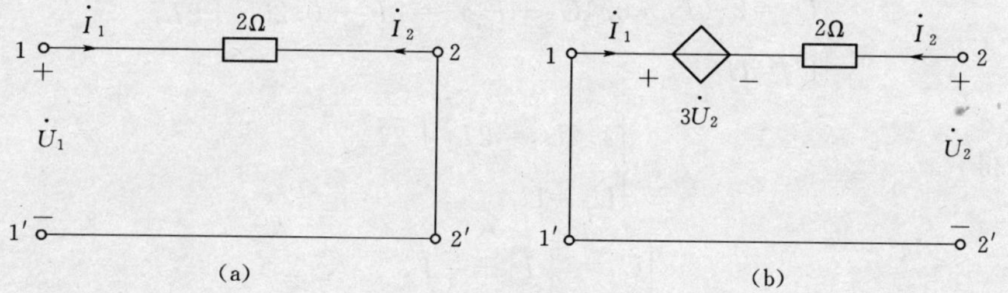

图 7-6

从而可得　　　　　　$\dot U_1=2\dot I_1=-2\dot I_2$

故

$$Y_{11}=\left.\frac{\dot I_1}{\dot U_1}\right|_{\dot U_2=0}=\frac{1}{2}\text{S},\ Y_{21}=\left.\frac{\dot I_2}{\dot U_1}\right|_{\dot U_2=0}=-\frac{1}{2}\text{S}$$

将输入端口短路：$\dot U_1=0$，如图 7-6（b）所示。

可得　　　　　　$\dot U_2=2\dot I_2-3\dot U_2$，$\dot U_2=-2\dot I_1-3\dot U_2$

故 $Y_{12}=\left.\frac{\dot{I}_1}{\dot{U}_2}\right|_{\dot{U}_1=0}=-2\text{S}$，$Y_{22}=\left.\frac{\dot{I}_2}{\dot{U}_2}\right|_{\dot{U}_1=0}=2\text{S}$

所以导纳参数矩阵为

$$Y=\begin{bmatrix}\frac{1}{2} & -2\\ -\frac{1}{2} & 2\end{bmatrix}\text{S}$$

7-17　求图 7-7 所示二端口网络的阻抗参数。

解：解法一：按 Z 参数的定义计算。

将输出端口开路　　$\dot{I}_2=0$

$$\dot{U}_1=2\ (\dot{I}_1-0.1\dot{U}_1)\ =2\dot{I}_1-0.2\dot{U}_1\quad 即\ 1.2\dot{U}_1=2\dot{I}_1\quad \dot{U}_1=\frac{5}{3}\dot{I}_1=\dot{U}_2$$

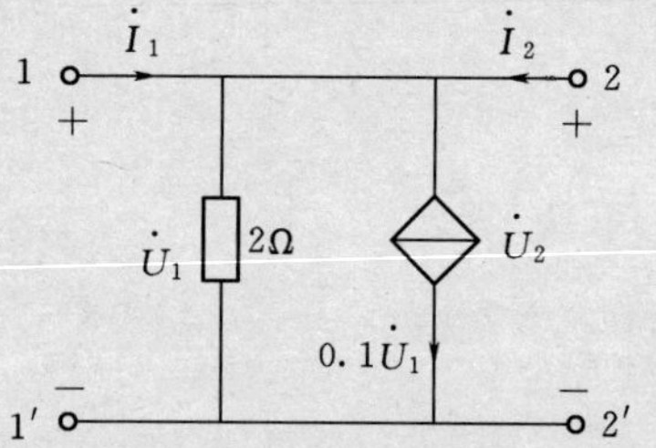

图 7-7

故 $Z_{11}=\left.\frac{\dot{U}_1}{\dot{I}_1}\right|_{\dot{I}_2=0}=\frac{5}{3}\Omega=Z_{21}$

将输入端口开路　　$\dot{I}_1=0$

$$\dot{U}_1=2\ (\dot{I}_2-0.1\dot{U}_1)\ =2\dot{I}_2-0.2\dot{U}_1$$

即 $1.2\dot{U}_1=2\dot{I}_2\quad \dot{U}_1=\frac{5}{3}\dot{I}_2=\dot{U}_2$

故 $Z_{12}=\left.\frac{\dot{U}_1}{\dot{I}_2}\right|_{\dot{I}_1=0}=\frac{5}{3}\Omega=Z_{22}$

解法二：由 KCL、KVL 得

$$\begin{cases}\dot{U}_1=2\ (\dot{I}_1-0.1\dot{U}_1+\dot{I}_2)\ =2\dot{I}_1-0.2\dot{U}_1+2\dot{I}_2\\ \dot{U}_2=\dot{U}_1\end{cases}$$

整理得
$$\begin{cases}1.2\dot{U}_1=2\dot{I}_1+2\dot{I}_2\\ \dot{U}_2=\dot{U}_1\end{cases}$$

即
$$\begin{cases}\dot{U}_1=\frac{5}{3}\dot{I}_1+\frac{5}{3}\dot{I}_2\\ \dot{U}_2=\dot{U}_1=\frac{5}{3}\dot{I}_1+\frac{5}{3}\dot{I}_2\end{cases}$$

所以阻抗参数矩阵为

$$Z=\begin{bmatrix}\frac{5}{3} & \frac{5}{3}\\ \frac{5}{3} & \frac{5}{3}\end{bmatrix}\Omega$$

7-18　如图 7-8 所示电路，已知二端口网络 N 的阻抗参数矩阵为$\begin{bmatrix}6 & 8\\ 4 & 3\end{bmatrix}\Omega$，试求负载电阻的电压 $\dot{U}_2$。

解：由阻抗参数方程及两个端口处外电路的伏安特性可得

$$\dot{U}_1=Z_{11}\dot{I}_1+Z_{12}\dot{I}_2=6\dot{I}_1+8\dot{I}_2$$

$$\dot{U}_2=Z_{21}\dot{I}_1+Z_{22}\dot{I}_2=4\dot{I}_1+3\dot{I}_2$$

$$\dot{U}_1=10\angle 0^\circ-8\dot{I}_1$$

$$\dot{U}_2=-5\dot{I}_2$$

以上四式联立求解得 $\dot{U}_2=2.5V$

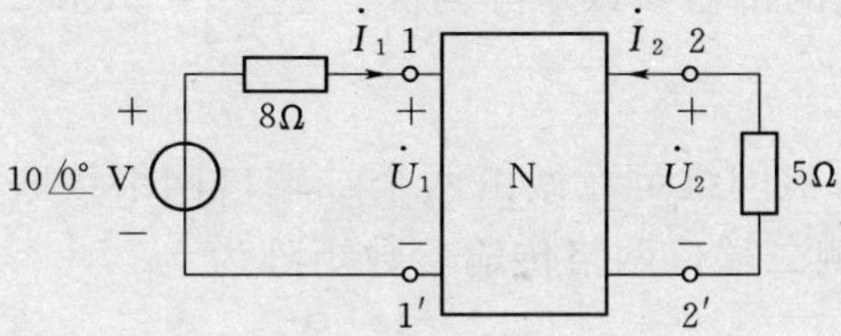

图 7-8

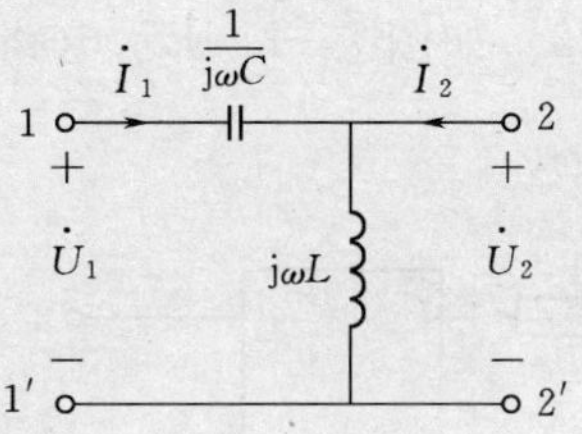

图 7-9

7-19 求图 7-9 所示二端口网络的传输参数。

解：由 KCL、KVL 得

$$\begin{cases}\dot{U}_1=\dfrac{1}{j\omega C}\dot{I}_1+\dot{U}_2\\ \dot{I}_1=\dfrac{\dot{U}_2}{j\omega L}-\dot{I}_2\end{cases}$$

整理得

$$\begin{cases}\dot{U}_1=\left(1-\dfrac{1}{\omega^2 LC}\right)\dot{U}_2+\dfrac{1}{j\omega C}(-\dot{I}_2)\\ \dot{I}_1=\dfrac{1}{j\omega L}\dot{U}_2+\ (-\dot{I}_2)\end{cases}$$

所以 $A=1-\dfrac{1}{\omega^2 LC},\ B=\dfrac{1}{j\omega C},\ C=\dfrac{1}{j\omega L},\ D=1$

7-20 求图 7-10 所示二端口网络的混合参数。

解：由 KVL 得 $\dot{U}_1=R_1\dot{I}_1-\dot{U}_2+R_2\dot{I}_2$

由端口条件可得 $\dot{I}_1=\dot{I}_2$

整理得

$$\begin{cases}\dot{U}_1=(R_1+R_2)\dot{I}_1-\dot{U}_2\\ \dot{I}_2=\dot{I}_1\end{cases}$$

故 $H_{11}=(R_1+R_2)$，$H_{12}=-1$，$H_{21}=1$，$H_{22}=0$

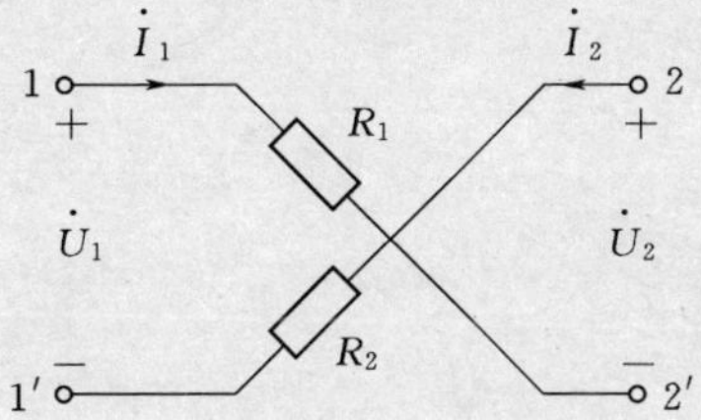

图 7-10

7-21 已知二端口网络的 T 参数为：$A=0.83-j0.8$，$B=(9.52-j0.48)\Omega$，$C=-j0.53S$，$D=3.5-j2.7$。求 T 型等效电路。

解：判别网络的互易性，由于

$$AD-BC=(0.83-j0.8)(3.5-j2.7)-(9.52-j0.48)(-j0.53)=1$$

故该网络为互易网络。

T 型等效电路元件值为

$$Z_1=\frac{A-1}{C}=\frac{0.83-j0.8-1}{-j0.53}=(1.51-j0.32)(\Omega)$$

$$Z_2=\frac{D-1}{C}=\frac{3.5-j2.7-1}{-j0.53}=(5.09+j4.72)(\Omega)$$

$$Z_3=\frac{1}{C}=\frac{1}{-j0.53}=j1.89(\Omega)$$

7-22 如图 7-11 所示电路，已知 N 的传输参数矩阵为$\begin{bmatrix}A_2 & B_2\\ C_2 & D_2\end{bmatrix}$，试求二端口网络的传输参数。

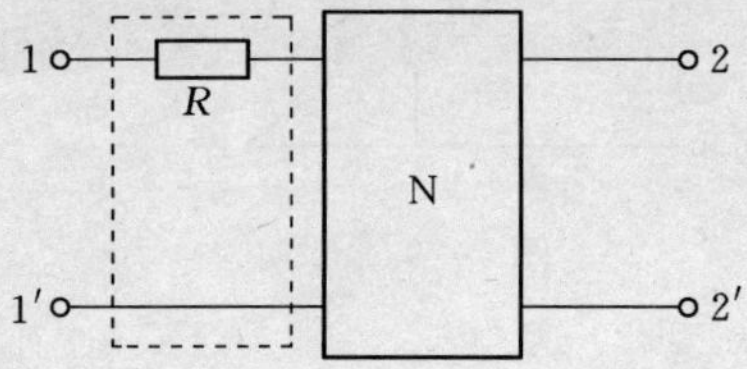

图 7-11

解：该网络可看做由两个二端口网络级联得到，其中 N 左侧二端口网络传输参数矩阵为

$$T_1=\begin{bmatrix}1 & R\\ 0 & 1\end{bmatrix}$$

N 的传输参数矩阵为

$$T_2=\begin{bmatrix}A_2 & B_2\\ C_2 & D_2\end{bmatrix}$$

从而级联后总的二端口网络的 T 参数矩阵为

$$T=T_1\times T_2=\begin{bmatrix}1 & R\\ 0 & 1\end{bmatrix}\times\begin{bmatrix}A_2 & B_2\\ C_2 & D_2\end{bmatrix}=\begin{bmatrix}A_2+RC_2 & B_2+RD_2\\ C_2 & D_2\end{bmatrix}$$

故 $A=A_2+RC_2$，$B=B_2+RD_2$，$C=C_2$，$D=D_2$

第 8 章　磁路和铁芯线圈电路的概念

一、选择题

8－1　反映磁场强弱的物理量是（　　）。

A. 磁场强度　　B. 磁通　　C. 磁导率　　D. 磁感应强度

8－2　铁磁性物质的相对磁导率为（　　）。

A. $\mu_r=1$　　B. $\mu_r\approx1$　　C. $\mu_r>>1$　　D. $\mu_r<<1$

8－3　在保持线圈安匝数不变的情况下，给一个空心环形线圈加入铁芯，则加入铁芯后线圈内磁场强度和磁感应强度的变化为（　　）。

A. 磁场强度不变，磁感应强度增加　　B. 磁场强度和磁感应强度均保持不变

C. 磁场强度增加，磁感应强度不变　　D. 磁场强度和磁感应强度均增加

8－4　以下结论不正确的是（　　）。

A. 磁感线是不会间断的闭合曲线　　B. 磁场中任一闭合面的总磁通恒等于零

C. 磁感线起始于 N 极，终止于 S 极　　D. 磁通在任何地方都是连续的

8－5　磁场强度的大小与（　　）无关。

A. 产生磁场的电流大小　　B. 磁介质的性质

C. 电流的分布　　D. 线圈的匝数

8－6　如图 8－1 所示均匀磁场的磁路，由安培环路定律可得（　　）。

A. $Hl=N_1i_1-N_2i_2$　　B. $Hl=-N_1i_1+N_2i_2$

C. $Hl=-N_1i_1-N_2i_2$　　D. $Hl=N_1i_1+N_2i_2$

8－7　图 8－2 所示为某铁磁性材料的起始磁化曲线。下列说法正确的是（　　）。

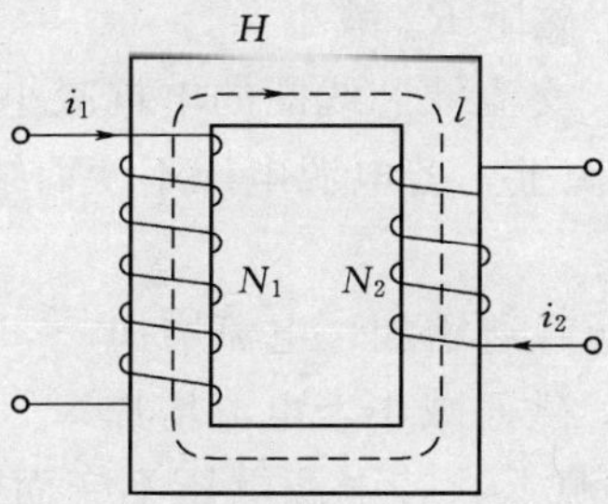

图 8－1

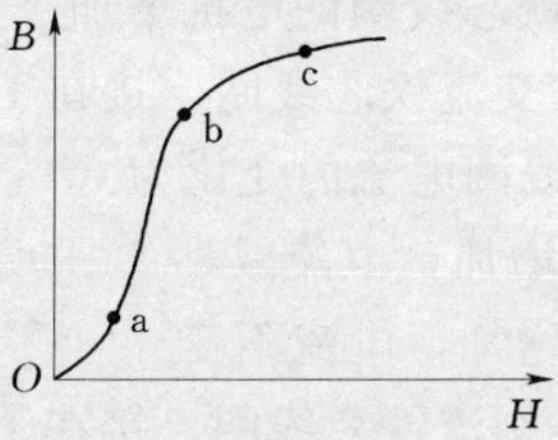

图 8－2

A. 铁磁性物质与非铁磁性物质的磁化曲线相似

B. 由此可知磁材料的磁导率 $\mu=B/H$ 不是常数

C. bc 段是铁芯材料工作的最佳范围

D. ab 段反映了铁磁材料的磁饱和性

8-8　铁磁性物质的磁化特性主要表现为（　）。

A. 高导磁性　　B. 磁滞性　　C. 磁饱和性　　D. 以上全是

8-9　铁磁性物质的磁导率在磁饱和出现后会（　）。

A. 大幅下降　　B. 不变　　C. 提高　　D. 稍稍减小

8-10　铁磁性物质在磁化过程中，磁感应强度 B 的变化滞后于磁场强度 H 的变化，这称为（　）现象。

A. 磁饱和　　B. 磁化　　C. 磁滞　　D. 退磁

8-11　关于软磁材料，以下说法不正确的是（　）。

A. 磁滞回线狭长　　B. 磁滞损耗较大

C. 矫顽力和剩磁均较小　　D. 适合作变压器、电机的铁芯

8-12　关于硬磁材料，以下说法正确的是（　）。

A. 用来制造永久磁铁　　B. 磁滞损耗较大

C. 磁滞回线较宽　　D. 以上都对

8-13　关于磁路，下列概念中错误的是（　）。

A. 在磁路的任意闭合回路中，各段磁压的代数和等于各支路磁通的代数和

B. 进入和穿出任一封闭面磁通的代数和等于零

C. 磁路中，绝大部分磁通在铁芯中闭合，极少数磁通经周围空气闭合

D. 磁路主要由铁磁材料组成，中间也可以包括很短的气隙

8-14　磁路中有一个不太小的气隙时，各段磁路的磁位差与总磁通势关系为（　）。

A. 均匀分配　　B. 铁芯的磁位差占总磁通势大部分

C. 气隙磁位差占总磁势大部分　　D. 气隙磁位差远小于总磁势

8-15　在一个空心线圈中插入铁芯后，该磁路的磁阻将（　）。

A. 增大　　B. 不变　　C. 变得很小　　D. 稍稍减小

8-16　影响铁芯线圈的电感系数 L 大小的因素有（　）。

A. 线圈匝数　　B. 铁芯磁导率　　C. 铁芯的尺寸　　D. 以上都是

8-17　铁芯的饱和程度若增加，将导致（　）。

A. 铁芯的磁导率 μ 值增加　　B. 磁阻 R_m 减小

C. 交流铁芯线圈的电抗增加　　D. 交流铁芯线圈的电抗减小

8-18　某交流铁芯线圈，接在工频正弦电压源上，若电源电压不变而线圈匝数减少，则铁芯磁通及线圈电流的变化为（　）。

A. 磁通增加，电流减小　　B. 磁通增加，电流增加

C. 磁通增加，电流不变　　D. 磁通减小，电流增加

8-19　某交流铁芯线圈，接在工频正弦电压源上，若电源电压不变而铁芯的气隙变小时，其线圈电流及磁路磁通的变化为（　）。

A. 电流增加，磁通增加　　　　　　　B. 电流增加，磁通不变

C. 电流减小，磁通减小　　　　　　　D. 电流减小，磁通不变

8-20　以下做法正确的是（　　）。

A. 为节省铜线，在修理变压器时，将其原边线圈由 3000 匝改为 1500 匝（此变压器仍在原额定电压下工作）

B. 将一台按 60Hz 设计的变压器（B_m 在饱和点附近），接在 50Hz 额定电压下运行

C. 为尽量减小交流铁芯线圈电流波形的畸变，采取增加线圈匝数的措施

D. 将一个 220V 的交流接触器接到 220V 的直流电压上

8-21　交流铁芯线圈中，由于磁饱和的影响，当电压为正弦波时，磁通和电流的波形分别为（　　）。

A. 磁通和电流均为正弦波

B. 磁通和电流均为尖顶的非正弦波

C. 磁通为正弦波，电流为尖顶的非正弦波

D. 磁通为正弦波，电流为平顶的非正弦波

8-22　仅考虑铁芯的磁饱和，铁芯线圈的电流为正弦波时，线圈的电压和磁通的波形分别为（　　）。

A. 电压和磁通均为正弦波

B. 电压为尖顶的非正弦波，磁通为平顶的非正弦波

C. 电压为平顶的非正弦波，磁通为尖顶的非正弦波

D. 电压为正弦波，磁通为平顶的非正弦波

8-23　铁芯线圈在交流电压作用下，铁损为（　　）。

A. 线圈的电阻损耗　　　　　　　B. 磁滞损耗

C. 磁滞损耗和涡流损耗　　　　　D. 涡流损耗

8-24　不考虑铁芯线圈绕线电阻和漏磁通的情况下，铁芯线圈相量模型中电流相量与电压相量的关系正确的是（　　）。

A. 磁化电流 $i_M(t)$ 的等效正弦波的相量 $\dot{I}_M$ 超前 $\dot{U}$90°

B. 铁损越大，则模拟铁损的电流 $\dot{I}_a$ 越大

C. 磁化电流 $i_M(t)$的等效正弦波的相量 $\dot{I}_M$ 与 $\dot{U}$ 同相

D. 模拟铁损的电流 $\dot{I}_a$ 滞后 $\dot{U}$90°

8-25　关于铁芯线圈电路模型的描述，以下说法中不正确的是（　　）。

A. 电路模型中各参数均与磁损耗和励磁电流有关

B. 电路模型中各参数都是常数

C. 电路模型中各参数与线圈端电压大小有关

D. 当端电压变化不大时，电路模型中各参数可近似看作常量

二、计算题

8-26　一环形线圈中心线周长为 400mm，铁芯的磁导率为 $796\times4\pi\times10^{-7}$ H/m，欲

使铁芯中 $B=1T$，求所需磁通势。如保持 B 不变，而在铁芯上开一个 2mm 的气隙，求所需磁通势（忽略气隙面积的变化）。

解：无气隙时所需磁通势为

$$F=NI=Hl=\frac{B}{\mu}l=\frac{1}{796\times 4\pi\times 10^{-7}}\times 400\times 10^{-3}=400(\text{A})$$

有气隙时所需磁通势为

$$\begin{aligned}F&=NI=H_1l_1+H_0l_0=\frac{B}{\mu}l_1+\frac{B}{\mu_0}l_0\\&=\frac{1}{796\times 4\pi\times 10^{-7}}\times 398\times 10^{-3}+\frac{1}{4\pi\times 10^{-7}}\times 2\times 10^{-3}\\&=398+1592=1990(\text{A})\end{aligned}$$

8-27　一铁芯线圈，加 50Hz、150V 的正弦交流电压时，铁芯中磁通的最大值为 $\Phi_m=2.25\times 10^{-3}\text{Wb}$，试求线圈的匝数。若要保持 Φ_m 不变而将电源电压增加至 200V，求线圈的匝数。

解：由 $U=4.44fN\Phi_m$

得

$$N=\frac{U}{4.44f\Phi_m}$$

电源电压为 150V 时

$$N=\frac{150}{4.44\times 50\times 2.25\times 10^{-3}}=300(\text{匝})$$

电源电压为 200V 时

$$N=\frac{200}{4.44\times 50\times 2.25\times 10^{-3}}=400(\text{匝})$$

8-28　一铁芯线圈，加正弦交流电压 $U=160\text{V}$ 时，测得 $I=2\text{A}$，$P=24\text{W}$；加直流电压 $U=6\text{V}$ 时测得 $I=3\text{A}$。试计算该线圈的电阻 R 及忽略漏磁通时的并联电路模型参数。

解：直流电压作用时

$$R=\frac{U}{I}=2\Omega$$

交流电压作用时，令 $\dot{U}=160\underline{/0^\circ}\text{V}$，则

$$\varphi=\arccos\frac{P}{UI}=\arccos\frac{24}{160\times 2}=85.7^\circ$$

$$Z=|Z|\underline{/\varphi}=\frac{U}{I}\underline{/\varphi}=80\underline{/85.7^\circ}=(6+\text{j}79.8)(\Omega)$$

$$Z_0=Z-R=(4+\text{j}79.8)\Omega=79.9\underline{/87.1^\circ}(\Omega)$$

$$Y_0=\frac{1}{Z_0}=0.0125\underline{/-87.1^\circ}=(0.635-\text{j}12.5)\times 10^{-3}\text{S}=G_0+\text{j}B_0$$

第9章　线性电路过渡过程中电流电压的计算

一、选择题

9-1　由于能量不能跃变，在换路瞬间，(　　) 不能跃变。

A. 电容的电流和电感的电压　　B. 电容的电压和电感的电流

C. 电容和电感的电流　　D. 电容和电感的电压

9-2　在换路瞬间，如果电容电压发生跃变，将导致 (　　)。

A. 电容电流为无穷大　　B. 电场能量为无穷大

C. 电场能量的变化率为无穷大　　D. A 和 C 皆对

9-3　直流电源作用下的动态电路，以下结论不正确的是 (　　)。

A. 电容始终相当于开路，电感始终相当于短路

B. 稳态时，电容相当于开路，电感相当于短路

C. 在 $t=0_+$ 时刻的等效电路中，电容用电压源代替，电感用电流源代替

D. 若换路前电容和电感都无储能，则在 $t=0_+$ 时刻的等效电路中，电容相当于短路，电感相当于开路

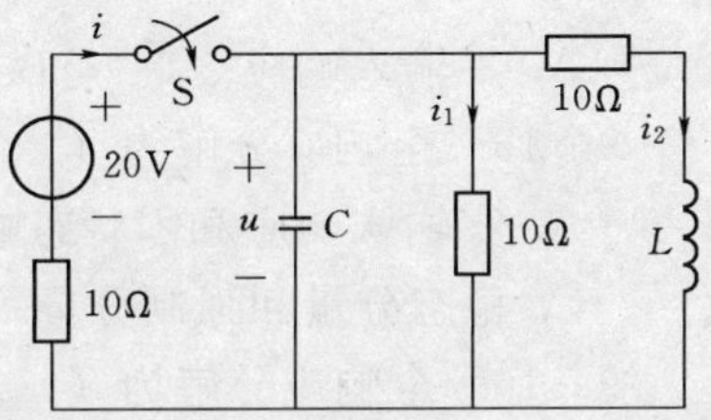

图 9-1

9-4　图 9-1 所示电路在开关 S 闭合前处于稳定状态，且电感和电容均无储能，则开关 S 合上瞬间发生跃变的量是 (　　)。

A. u　　B. i_1　　C. i　　D. i_2

9-5　电路外加的电源激励为零，仅由电容元件换路 ($t=0$) 以前储有的电场能，或电感元件换路 ($t=0$) 以前储有的磁场能引起的电流、电压响应称为 (　　)。

A. 零输入响应　　B. 零状态响应　　C. 稳态响应　　D. 暂态响应

9-6　一阶电路零输入响应的表达式与 (　　) 有关。

A. 电路的初始值　　B. 电路的时间常数

C. 电路的初始值和时间常数　　D. 外施激励

9-7　关于一阶动态电路的零输入响应，以下叙述中不正确的是 (　　)。

A. 当初始值增加 k 倍时，零输入响应也相应增加 k 倍

B. 零输入响应随着时间增长衰减至零

C. RC 电路的充电过程就是零输入响应

D. 零输入响应中的电磁能量逐渐减小

9-8　反映一阶电路过渡过程进展快慢的参数是（　　）。

A. 稳态值　　B. 元件初始储能　　C. 电源大小　　D. 时间常数 τ

9-9　一阶电路的时间常数的大小取决于（　　）。

A. 电路的结构　　B. 元件的参数

C. 电路的结构和元件参数　　D. 电源激励

9-10　一阶电路的零输入响应每经过一个 τ 值的时间后都衰减为原有值的（　　）。

A. 63.2%　　B. 50%　　C. 36.8%　　D. 20%

9-11　换路时电感、电容无初始储能，完全由外加激励电源引起的响应称为（　　）。

A. 零输入响应　　B. 零状态响应　　C. 稳态响应　　D. 暂态响应

9-12　RL 电路的零状态响应中，τ 值是电感电流上升到新的稳态值的（　　）所需的时间。

A. 63.2%　　B. 50%　　C. 36.8%　　D. 20%

9-13　关于一阶动态电路的零状态响应，以下叙述正确的是（　　）。

A. 零状态响应中，各电压、电流都逐渐增长

B. 零状态响应仅取决于电路的时间常数

C. RC 电路的零状态响应中，电源提供的能量全部转换成电场能量储存在电容中

D. 当外施激励增加 k 倍时，零状态响应也相应增加 k 倍

9-14　既有外加电源激励，电容、电感上又储存有初始能量，这时引起的电路响应称为（　　）。

A. 零输入响应　　B. 零状态响应　　C. 稳态响应　　D. 全响应

9-15　全响应分解为（　　），反映了响应与激励之间的因果关系。

A. 零输入响应和零状态响应　　B. 稳态分量和暂态分量

C. 稳态分量和强制分量　　D. 强制分量和自由分量

9-16　全响应分解为（　　），反映了过渡过程中的阶段性特点。

A. 零输入响应和零状态响应　　B. 稳态分量和暂态分量

C. 稳态分量和强制分量　　D. 暂态分量和自由分量

9-17　关于强制分量和自由分量，以下结论中错误的是（　　）。

A. 强制分量与输入的激励电源有相同的变化规律

B. 自由分量变化规律由负指数函数 $e^{-\frac{t}{\tau}}$ 决定，随时间延续衰减为零

C. 电路的零输入响应就是自由分量，零状态响应就是强制分量

D. 自由分量可称为暂态分量，但强制分量有时不能称为稳态分量

9-18　已知某 RL 电路的电感电流为 $i_L(t)=3+(1-3)e^{-4t}=[3(1-e^{-4t})+e^{-4t}]A$，则其中的自由分量为（　　）A。

A. $(1-3)e^{-4t}$　　B. $3(1-e^{-4t})$　　C. 3　　D. e^{-4t}

9-19　通过拉氏正变换后，电流象函数 $I(s)$ 的单位变成了（　　）。

A. 安培　　B. 库仑　　C. 安培/秒　　D. 库仑×秒

9-20　在电感元件的复频域串联电路模型中，其初始电流的作用是用（　　）表示的。

A. 参考方向与原电感电流方向一致的附加电流源 $i_L(0_-)$

B. 参考方向与原电感电流方向相反的附加电流源 $i_L(0_-)$

C. 参考正极在电感电流的前进方向上的附加电压源 $Li_L(0_-)$

D. 参考负极在电感电流的前进方向上的附加电压源 $Li_L(0_-)$

9-21 电感元件 L 的运算感抗是（　　）。

A. sL　　B. $\frac{1}{sL}$　　C. $sL+Li_L(0_-)$　　D. $j\omega L$

9-22 电容元件复频域运算模型中的附加电源的电压等于（　　）。

A. $\frac{u_C(0_-)}{C}$　　B. $Cu_C(0_-)$　　C. $su_C(0_-)$　　D. $\frac{u_C(0_-)}{s}$

9-23 若某一线性电路元件的复频域阻抗是$\frac{1}{s}$，此元件是（　　）。

A. 电阻　　B. 电容　　C. 电感　　D. 不一定

9-24 RLC 串联的二阶动态电路的零输入响应中，随着电路参数的大小变化，电路的振荡过程有以下情况（　　）。

A. 过阻尼和临界阻尼时的非震荡放电过程　　B. 欠阻尼时的衰减震荡放电过程

C. 无阻尼时的等幅震荡过程　　D. 以上全是

二、计算题

9-25 图 9-2（a）所示直流电压源作用的电路在开关断开前已处于稳定状态，$t=0$ 时开关 S 断开，求 $u_{R1}(0_+)$ 及 $i_1(0_+)$。

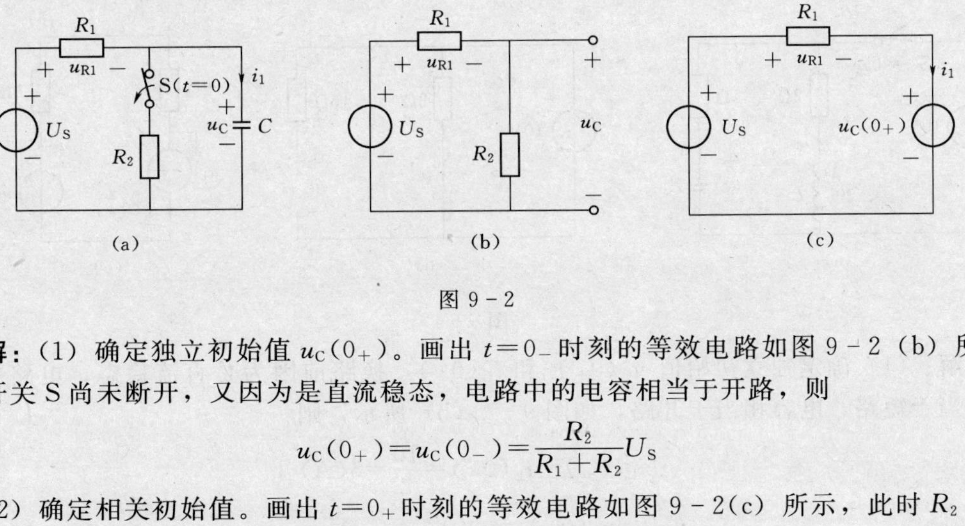

图 9-2

解：（1）确定独立初始值 $u_C(0_+)$。画出 $t=0_-$ 时刻的等效电路如图 9-2（b）所示，此时开关 S 尚未断开，又因为是直流稳态，电路中的电容相当于开路，则

$$u_C(0_+)=u_C(0_-)=\frac{R_2}{R_1+R_2}U_S$$

（2）确定相关初始值。画出 $t=0_+$ 时刻的等效电路如图 9-2(c) 所示，此时 R_2 所在支路断开，电容用理想电压源替代

$$u_{R1}(0_+)=U_S-u_C(0_+)=\frac{R_1}{R_1+R_2}U_S$$

$$i_1(0_+)=\frac{U_S-u_C(0_+)}{R_1}=\frac{U_S}{R_1+R_2}$$

9-26　图 9-3(a) 所示电路换路前处于稳定状态，开关 S 在 $t=0$ 时刻由 1 合向 2。已知恒流源 $I_S=6A$，$R_1=1\Omega$，$R_2=2\Omega$。试求 i 和 u_L 的初始值。

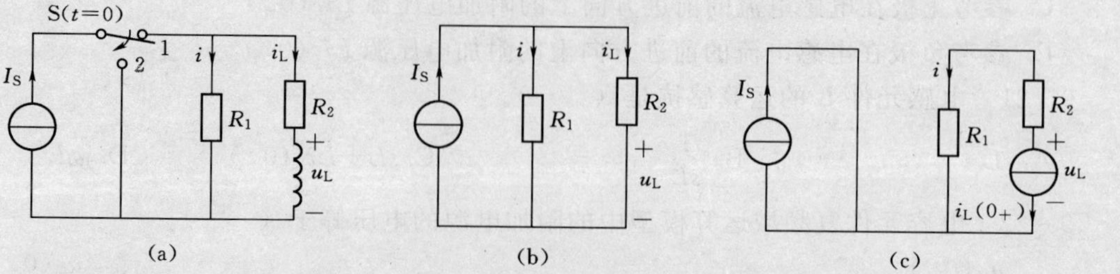

图 9-3

解：(1) 确定独立初始值 $i_L(0_+)$。画出 $t=0_-$ 时刻的等效电路如图 9-3 (b) 所示，因为是直流稳态，电路中的电感相当于短路，则

$$i_L(0_+)=i_L(0_-)=\frac{R_1}{R_1+R_2}I_s=\frac{1}{1+2}\times 6=2(A)$$

(2) 确定相关初始值。画出 $t=0_+$ 时刻的等效电路如图 9-3 (c) 所示，电感用值为 2A 的理想电流源替代，可得

$$i_1(0_+)=-i_L(0_+)=-2A$$

由 KVL 可得

$$u_L(0_+)=-(R_1+R_2)i_L(0_+)=-3\times 2=-6(V)$$

9-27　图 9-4 (a) 所示电路换路前已达到稳态。在 $t=0$ 时打开开关。试求 $t=0_+$ 时的 i_C 和 u_L。

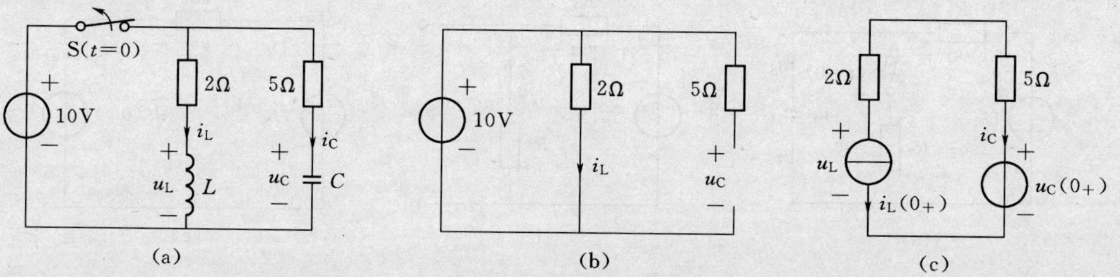

图 9-4

解：(1) 确定独立初始值 $u_C(0_+)$ 和 $i_L(0_+)$。换路前因为是直流稳态，电路中的电感相当于短路，电容相当于开路，如图 9-4 (b) 所示，则

$$i_L(0_+)=i_L(0_-)=\frac{10}{2}=5(A)$$

$$u_C(0_+)=u_C(0_-)=10V$$

(2) 确定相关初始值。画出 $t=0_+$ 时刻的等效电路如图 9-4 (c) 所示，电源支路断开，电容用 10V 理想电压源替代，电感用 5A 理想电流源替代，则

$$i_C(0_+)=-i_L(0_+)=-5A$$

$$u_L(0_+)=-i_L(0_+)(2+5)+u_C(0_+)=-25(V)$$

9-28 图 9-5（a）所示电路在开关 S 断开前已稳定，已知恒压源 $U_S=48V$，$R_1=R_2=6\Omega$，$R_3=12\Omega$，$i_L(0_-)=0$，$u_C(0_-)=0$，求 $t=0_+$ 时的 $i_C(0_+)$ 和 $u_L(0_+)$。

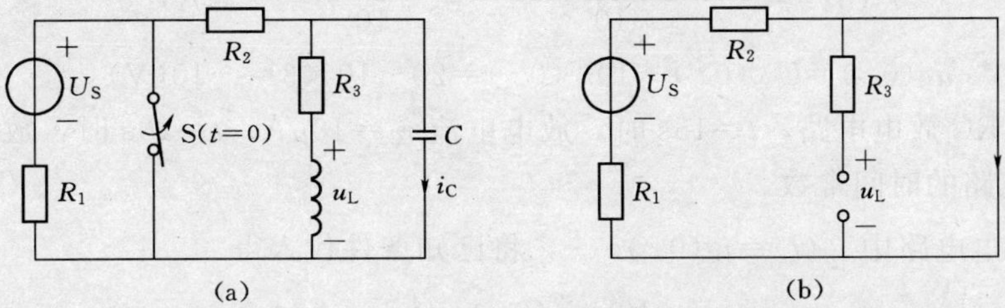

图 9-5

解：（1）确定独立初始值 $u_C(0_+)$ 和 $i_L(0_+)$。由已知条件及换路定律得

$$u_C(0_+)=u_C(0_-)=0,\ i_L(0_+)=i_L(0_-)=0$$

（2）确定相关初始值。画出 $t=0_+$ 时刻的等效电路如图 9-5（b）所示，电容用值为 0V 的理想电压源替代，0V 的电压源相当于短路，所以电容相当于短路。电感用值为 0A 的理想电流源替代，0A 的电流源相当于开路，则

$$i_C(0_+)=\frac{U_S}{R_1+R_2}=\frac{48}{6+6}=4\ (\text{A})$$

R_3 所在支路电流为 0

$$u_L(0_+)=u_C(0_+)=0$$

9-29 图 9-6（a）所示电路在开关 S 闭合前已稳定，求 $i_L(0_+)$、$u_L(0_+)$、$u_C(0_+)$、$i_C(0_+)$ 和 $i(0_+)$。

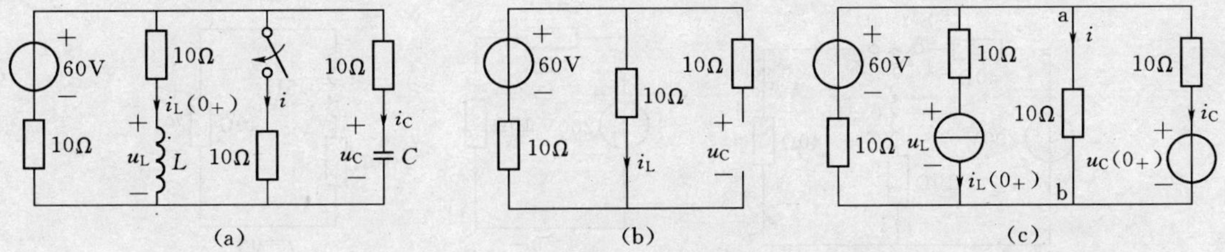

图 9-6

解：（1）确定独立初始值 $u_C(0_+)$ 和 $i_L(0_+)$。画出 $t=0_-$ 时刻的等效电路如图 9-6（b）所示，则

$$i_L(0_+)=i_L(0_-)=\frac{60}{10+10}=3(\text{A})$$

$$u_C(0_+)=u_C(0_-)=\frac{10}{10+10}\times60=30(\text{V})$$

（2）画出 $t=0_+$ 时刻的等效电路如图 9-6（c）所示，由弥尔曼定理可得（与电流源串联的 10Ω 电阻看作短路）

$$U_{ab}(0_+)=\frac{\frac{60}{10}-3+\frac{30}{10}}{\frac{1}{10}+\frac{1}{10}+\frac{1}{10}}=20(\text{V})$$

$$i(0_+)=\frac{U_{ab}(0_+)}{10}=\frac{20}{10}=2(A)$$

$$i_C(0_+)=\frac{U_{ab}(0_+)-u_C(0_+)}{10}=\frac{20-30}{10}=-1(A)$$

$$u_L(0_+)=U_{ab}(0_+)-10i_L(0_+)=20-10\times3=-10(V)$$

9－30　某 RC 放电电路，$t=15s$ 时，放电电流 $i_C=10\mu A$；$t=20s$ 时，放电电流 $i_C=6\mu A$。试求此电路的时间常数。

解：RC 放电电路中 $i_C(t)=i_C(0_+)e^{-\frac{t}{\tau}}$，将已知条件代入得

$$10=i_C(0_+)e^{-\frac{15}{\tau}}$$

$$6=i_C(0_+)e^{-\frac{20}{\tau}}$$

上面两式相除得

$$\frac{10}{6}=\frac{e^{-\frac{15}{\tau}}}{e^{-\frac{20}{\tau}}}=e^{-\frac{15}{\tau}-(-\frac{20}{\tau})}=e^{\frac{5}{\tau}}$$

上式两边取自然对数

$$0.51=\frac{5}{\tau}$$

则此电路的时间常数为

$$\tau=\frac{5}{0.51}=9.8\ (s)$$

9－31　图 9－7（a）所示电路原已稳定，$t=0$ 时开关 S 由 1 合向 2。求换路后的电压 $u(t)$。

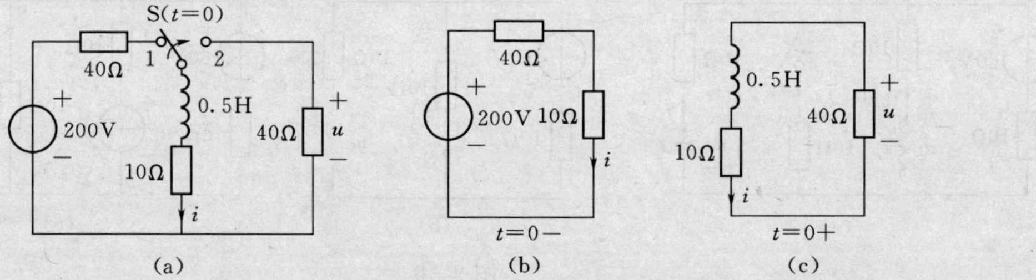

图 9－7

解：开关合向 2 后，电路发生零输入响应。

（1）求初始值。换路前，电感相当于短路，由图 9－7（b）可得

$$i(0_+)=i(0_-)=\frac{200}{40+10}=4(A)$$

由图 9－7（c）所示 $t=0_+$ 时刻等效电路，可得

$$u(0_+)=-40i(0_+)=-40\times4=-160(V)$$

（2）求时间常数。换路后与电感串联的等效电阻为

$$R=10+40=50\ (\Omega)$$

时间常数

$$\tau=\frac{L}{R}=\frac{0.5}{50}=\frac{1}{100}\ (s)$$

故　　　　　　　　　　$u(t)=u(0_+)e^{-\frac{t}{\tau}}=-160e^{-100t}\text{V}$

9-32　图 9-8（a）所示电路换路前处于稳定状态，$t=0$ 时开关 S 闭合。求 S 闭合后的 $i_1(t)$、$i_2(t)$ 和 $i_3(t)$。

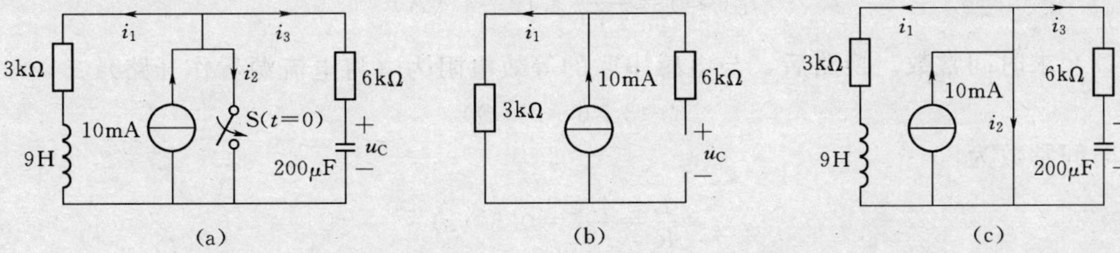

图 9-8

解：（1）$t=0_-$ 时电路如图 9-8（b）所示，电感相当于短路，电容相当于开路，可知

$$i_1(0_+)=i_L(0_+)=i_L(0_-)=10\text{mA}$$

$$u_C(0_+)=u_C(0_-)=10\times10^{-3}\times3\times10^3=30\ (\text{V})$$

（2）$t>0$ 后的电路如图 9-8（c）所示，电路可看成由 3 个独立的回路组成。电感支路和短路线组成的回路为 RL 电路的零输入响应，中间回路为电流源回路，右边回路为 RC 电路的零输入响应。

对 RL 电路　　　　$\tau_1=\dfrac{9}{3\times10^3}=3\ (\text{ms})$

从而　　　　$i_1(t)=i_1(0_+)e^{-\frac{t}{\tau_1}}=10e^{-\frac{t}{3\times10^{-3}}}(\text{mA})$

对 RC 电路　　　　$\tau_2=6\times10^3\times200\times10^{-6}=1.2\ (\text{s})$

$$u_C(t)=u_C(0_+)e^{-\frac{t}{\tau_2}}=30e^{-\frac{t}{1.2}}(\text{V})$$

从而　　　　$i_3(t)=-\dfrac{u_C(t)}{6\times10^3}=-5e^{-\frac{t}{1.2}}(\text{mA})$

对中间回路，由 KCL 可得

$$i_2=I_S-(i_1+i_3)=10-(10e^{-\frac{t}{3\times10^{-3}}}-5e^{-\frac{t}{1.2}})\ (\text{mA})$$

9-33　图 9-9（a）所示电路原处于稳定状态，$t=0$ 时开关 S 闭合，试求换路后的 $i_1(t)$ 和 $i_2(t)$。

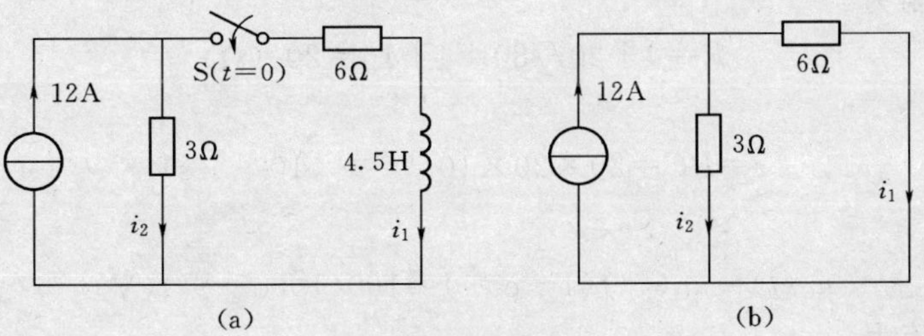

图 9-9

解：开关闭合前，电感支路无电流，故开关闭合后，电路发生零状态响应。

(1) 求稳态值。$t \to \infty$时的等效电路如图 9-9 (b) 所示，电路达到新的稳定状态后，电感相当于短路。故

$$i_L(\infty) = \frac{3}{3+6} \times 12 = 4 \text{ (A)}$$

(2) 求时间常数。换路后，与电感串联的等效电阻为（将电流源看作开路）

$$R = 3+6 = 9 \text{ (}\Omega\text{)}$$

从而时间常数为

$$\tau = \frac{L}{R} = \frac{4.5}{9} = 0.5 \text{ (s)}$$

代入公式得

$$i_L(t) = i_L(\infty)(1 - e^{-\frac{t}{\tau}}) = 4(1 - e^{-2t}) \text{(A)}$$

由 KCL 得

$$i_2(t) = 12 - i_1(t) = 12 - 4(1 - e^{-2t}) = (8 + 4e^{-2t}) \text{(A)}$$

9-34 如图 9-10 (a) 所示电路，开关 S 闭合前电容电压为零。$t=0$ 时开关 S 闭合，试求 $t>0$ 时的 $u_C(t)$ 和 $i_2(t)$。

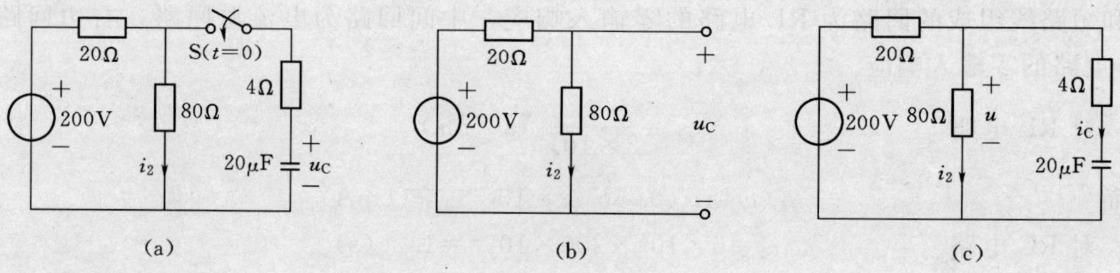

图 9-10

解：开关闭合后，电路发生零状态响应。

(1) 求稳态值。$t \to \infty$时的等效电路如图 9-10 (b) 所示，此时开关已闭合，电路达到新的稳定状态后，电容相当于开路，4Ω 电阻上无压降，电容两端电压为

$$u_C(\infty) = \frac{80}{20+80} \times 200 = 160 \text{(V)}$$

(2) 求时间常数。换路后，电路如图 9-10 (c) 所示，将电压源看作短路后，与电容串联的等效电阻为

$$R = 4 + 20//80 = 4 + 16 = 20 \text{ (}\Omega\text{)}$$

从而时间常数为

$$\tau = RC = 20 \times 20 \times 10^{-6} = 4 \times 10^{-4} \text{ (s)}$$

代入公式得

$$u_C(t) = u_C(\infty)(1 - e^{-\frac{t}{\tau}}) = 160(1 - e^{-2500t}) \text{(V)}$$

电容支路电流为

$$i_C(t) = C\frac{du_c(t)}{dt} = 20 \times 10^{-6} \times (-160e^{-2500t})(-2500) = 8e^{-2500t} \text{(A)}$$

80Ω 电阻两端的电压为

$$u(t)=4i_C(t)+u_C(t)=8\times 4e^{-2500t}+160-160e^{-2500t}=(160-128e^{-2500t})\text{(V)}$$

从而 80Ω 电阻支路的电流为

$$i_2(t)=\frac{u(t)}{80}=\frac{160-128e^{-2500t}}{80}=(2-1.6e^{-2500t})\text{(A)}$$

9-35　图 9-11（a）所示电路原已稳定，电感支路无电流。已知恒流源 $I_S=2A$，$R_1=100\Omega$，$R_2=200\Omega$，$R_3=300\Omega$，$L=1H$。试求 $t=0$ 时断开开关 S 后的电压 $u(t)$。

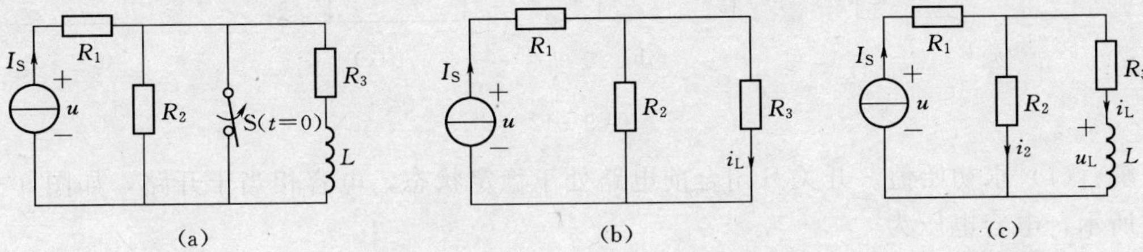

图 9-11

解：开关闭合后，电路发生零状态响应。

（1）求稳态值。$t\to\infty$时的等效电路如图 9-11（b）所示，此时开关已断开，电感在达到新的稳定状态后相当于短路，电感支路电流为

$$i_L(\infty)=\frac{R_2}{R_2+R_3}I_S=\frac{200}{200+300}\times 2=0.8\ \text{(A)}$$

（2）求时间常数。换路后，电路如图 9-11（c）所示，将电流源看作开路后，与电感串联的等效电阻为

$$R=R_2+R_3=200+300=500\ (\Omega)$$

从而时间常数为

$$\tau=\frac{L}{R}=\frac{1}{500}=2\times 10^{-3}\ \text{(s)}$$

代入公式得

$$i_L(t)=i_L(\infty)(1-e^{-\frac{t}{\tau}})=0.8(1-e^{-500t})\text{(A)}$$

由 KCL 得 R_2 支路电流为

$$i_2=I_S-i_L=2-0.8(1-e^{-500t})=(1.2+0.8e^{-500t})\text{(A)}$$

由 KVL 得

$$u(t)=R_1I_S+R_2i_2(t)=100\times 2+200\times(1.2+0.8e^{-500t})=(440+160e^{-500t})\text{(V)}$$

也可在求得电感电流后，求得电感两端电压为

$$u_L(t)=L\frac{di_L}{dt}=-0.8\times e^{-500t}(-500)=400e^{-500t}\text{(V)}$$

由 KVL 得

$$u(t)=R_1I_S+R_3i_L(t)+u_L(t)=100\times 2+300\times 0.8(1-e^{-500t})+400e^{-500t}$$
$$=(440+160e^{-500t})\text{(V)}$$

9-36　如图 9-12（a）所示电路，开关 S 闭合前电路已经稳定。已知 $U_S=60V$ 不

变，$R_1=2\text{k}\Omega$，$R_2=5\text{k}\Omega$，$R_3=3\text{k}\Omega$，$C=\frac{50}{3}\mu\text{F}$。求开关 S 闭合后电容电压 $u(t)$ 的变化规律，并指出其中的零输入响应、零状态响应、稳态分量和暂态分量。

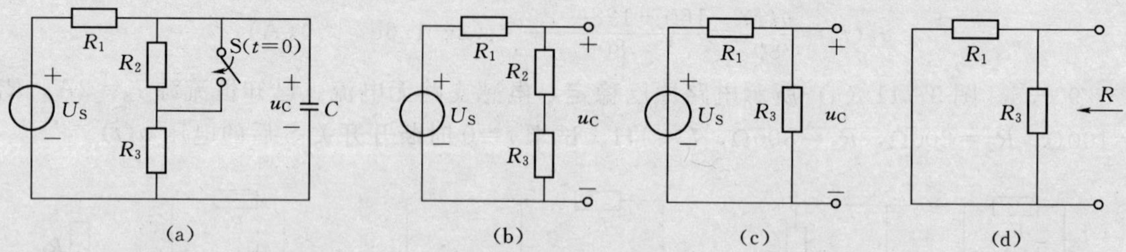

图 9-12

解：(1) 求初始值。开关 S 闭合前电路处于稳定状态，电容相当于开路，如图 9-12(b) 所示，电容电压为

$$u_C(0_+)=u_C(0_-)=\frac{5+3}{2+5+3}\times 60=48(\text{V})$$

(2) 求稳态值。S 闭合后电路达到新的稳定状态时，电容又相当于开路，如图 9-12(c) 所示，电容电压为

$$u_C(\infty)=\frac{3}{2+3}\times 60=36\ (\text{V})$$

(3) 求时间常数。换路后从电容看去的等效电阻为［图 9-12(d)］

$$R=R_1//R_3=\frac{3\times 2}{3+2}\times 10^3=1.2\times 10^3(\Omega)$$

从而时间常数为

$$\tau=RC=1.2\times 10^3\times\frac{50}{3}\times 10^{-6}=2\times 10^{-2}(\text{s})$$

代入三要素法公式得

$$u_C(t)=u_C(\infty)+[u_C(0_+)-u_C(\infty)]e^{-\frac{t}{\tau}}=36+[48-36]e^{-\frac{t}{2\times 10^{-2}}}=(36+12e^{-50t})(\text{V})$$

其中的稳态分量为 36V，暂态分量为 $12e^{-50t}$V。

上式还可整理为

$$u_C(t)=36+[48-36]e^{-\frac{t}{2\times 10^{-2}}}=36+48e^{-50t}-36e^{-50t}=[48e^{-50t}+36(1-e^{-50t})](\text{V})$$

其中的零输入响应为 $48e^{-50t}$V，零状态响应为 $36\ (1-e^{-50t})$ V。

9-37　如图 9-13 (a) 所示电路换路前处于稳定状态，$t=0$ 时开关 S 断开，试求换路后的 $i(t)$。

解：(1) 求初始值。开关 S 断开前电路处于稳定状态，电感相当于短路，如图 9-13 (b) 所示，电感电流初始值为

$$i(0_+)=i(0_-)=\frac{150}{50}=3(\text{A})$$

(2) 求稳态值。S 断开后电路达到新的稳定状态时，电感又相当于短路，如图 9-13 (c)所示，电感电流稳态值为

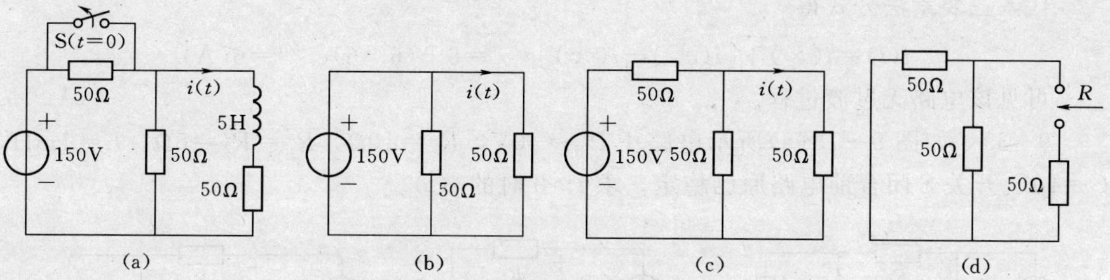

图 9-13

$$i(\infty)=\frac{150}{50+50//50}\times\frac{50}{50+50}=1(\text{A})$$

(3) 求时间常数。换路后从电感看去的等效电阻为［图 9-13 (d)］

$$R=50//50+50=25+50=75(\Omega)$$

从而时间常数为

$$\tau=\frac{L}{R}=\frac{5}{75}=\frac{1}{15}(\text{s})$$

代入三要素法公式得

$$i(t)=i(\infty)+[i(0_+)-i(\infty)]\text{e}^{-\frac{t}{\tau}}=1+(3-1)\text{e}^{-15t}=(1+2\text{e}^{-15t})(\text{A})$$

9-38　如图 9-14(a)所示电路原处于稳态，$t=0$ 时开关 S 闭合，试求 $t>0$ 时的 $i(t)$。

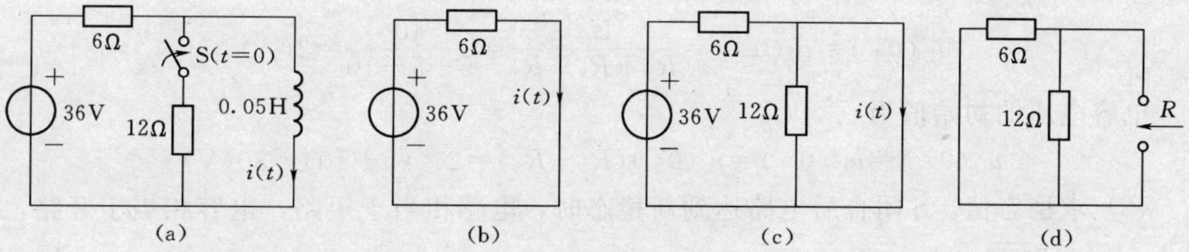

图 9-14

解：(1) 求初始值。开关 S 闭合前电路处于稳定状态，电感相当于短路，如图 9-14 (b) 所示，电感电流初始值为

$$i(0_+)=i(0_-)=\frac{36}{6}=6(\text{A})$$

(2) 求稳态值。S 闭合后电路达到新的稳定状态时，电感又相当于短路，如图 9-14 (c) 所示，12Ω 电阻被短路，电感电流稳态值为

$$i(\infty)=\frac{36}{6}=6(\text{A})$$

(3) 求时间常数。换路后从电感看去的等效电阻为［图 9-14 (d)］

$$R=6//12=4(\Omega)$$

从而时间常数为

$$\tau=\frac{L}{R}=\frac{0.05}{4}=\frac{1}{80}(\text{s})$$

代入三要素法公式得

$$i(t)=i(\infty)+[i(0_+)-i(\infty)]e^{-\frac{t}{\tau}}=6+(6-6)e^{-80t}=6(\text{A})$$

可见该电路无过渡过程。

9-39　如图 9-15(a)所示电路中 $U_S=40\text{V}$，$R_3=10\Omega$，$R_1=R_2=5\Omega$，$L=1\text{mH}$，$C=4\mu\text{F}$。开关 S 闭合前电路原已稳定，求 $t>0$ 时的 $i(t)$。

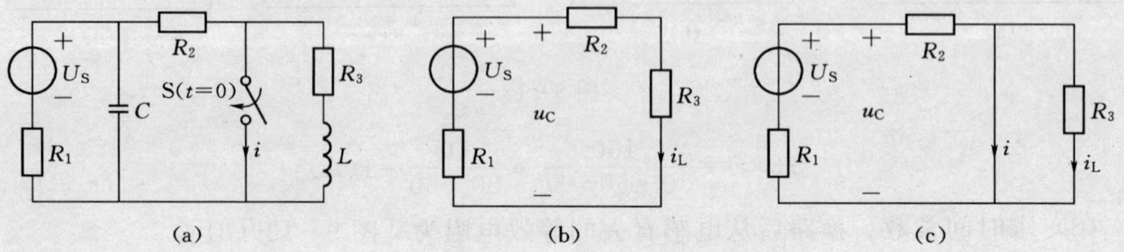

图 9-15

解：本电路是二阶电路，开关支路的电流不能用三要素法求解。但开关闭合后，开关左侧电路为 RC 电路的全响应，开关右侧电路为 RL 电路的零输入响应，即开关两侧电路均可用三要素法求解。再根据 KCL 即可求得开关支路电流。

(1) 求初始值。开关 S 闭合前电路原已稳定，电感相当于短路，电容相当于开路，如图 9-15(b)所示。

电感电流的初始值为

$$i_L(0_+)=i_L(0_-)=\frac{U_S}{R_1+R_2+R_3}=\frac{40}{5+5+10}=2(\text{A})$$

电容电压的初始值为

$$u_C(0_+)=u_C(0_-)=i_L(0_+)(R_2+R_3)=2\times(5+10)=30(\text{V})$$

(2) 求稳态值。S 闭合后电路达到新稳态时，电感相当于短路，电容相当于开路，如图 9-15(c)所示。

电感电流的稳态值为

$$i_L(\infty)=0$$

电容电压的稳态值为

$$u_C(\infty)=\frac{U_S}{R_1+R_2}R_2=\frac{40}{5+5}\times 5=20(\text{V})$$

(3) 求时间常数。

换路后 RL 电路的时间常数为

$$\tau_1=\frac{L}{R_3}=\frac{10^{-3}}{10}=0.1(\text{ms})$$

换路后 RC 电路的时间常数为

$$\tau_2=(R_1//R_2)C=\frac{5}{2}\times 4\times 10^{-6}=10(\mu\text{s})$$

代入三要素法公式得

$$i_L(t)=i(\infty)+[i(0_+)-i(\infty)]e^{-\frac{t}{\tau}}=2e^{-10^4 t}(\text{A})$$

$$u_C(t)=u_C(\infty)+[u_C(0_+)-u_C(\infty)]e^{-\frac{t}{\tau}}=(20+10e^{-10^5 t})(V)$$

由 KCL 得 $$i(t)=\frac{u_C(t)}{R_2}-i_L(t)=(4+2e^{-10^5 t}-2e^{-10^4 t})(A)$$

9-40　图 9-16(a)所示电路原处于稳态，$u_C(0_-)=0$，$I_{S1}=3mA$，$U_{S2}=9V$，$R_1=R_2=3k\Omega$，$R_3=6k\Omega$，$C=2\mu F$。在 $t=0$ 时，开关 S 合向 1 位置，0.03s 后开关 S 从 1 位置合到 2 位置，求 $t>0$ 时的 $u_C(t)$ 和 $i(t)$。

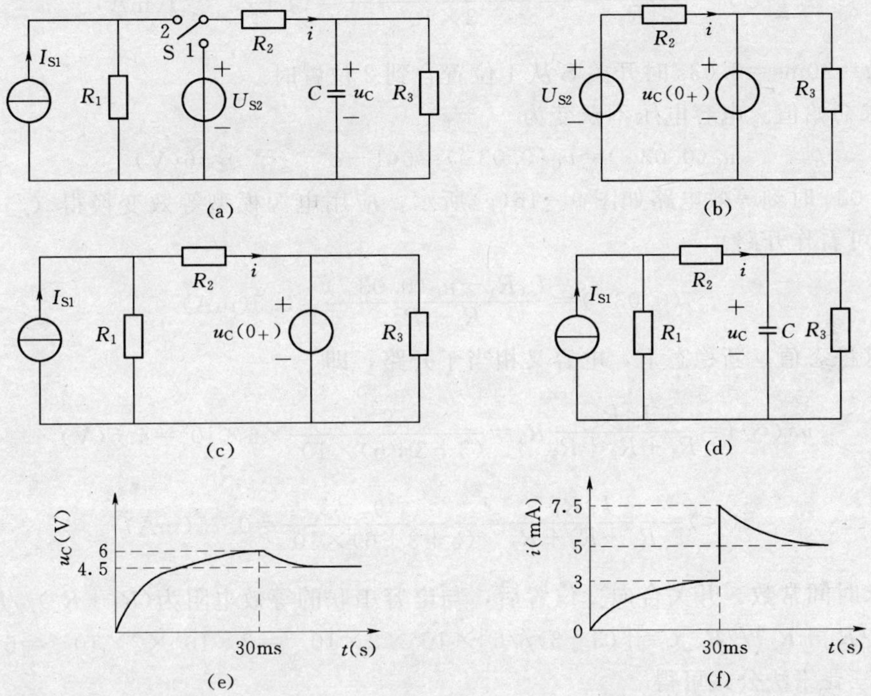

图 9-16

解： 本题属于二次换路问题。

(1) 开关 S 合向 1 位置后，电路响应为零状态响应。

1) 求初始值。电容电压不跃变

$$u_C(0_+)=u_C(0_-)=0$$

$t=0_+$ 时刻等效电路如图 9-16(b)所示。由 KVL 可得

$$i(0_+)=\frac{U_{S2}-u_C(0_+)}{R_2}=\frac{9}{3\times10^3}=3(mA)$$

2) 求稳态值。开关 S 合向 1 位置且电路达到稳态时，电容相当于开路，即

$$u_C(\infty)=\frac{U_{S2}}{R_2+R_3}R_3=\frac{9}{(3+6)\times10^3}\times6\times10^3=6(V)$$

$$i(\infty)=\frac{U_{S2}-u_C(\infty)}{R_2}=\frac{9-6}{3\times10^3}=1(mA)$$

3) 求时间常数。换路后，与电容串联的等效电阻为 $R_2//R_3$，故

$$\tau=(R_2//R_3)C=2\times10^3\times2\times10^{-6}=4(ms)$$

从而电容电压为

$$u_C(t)=u_C(\infty)+[u_C(0_+)-u_C(\infty)]e^{-\frac{t}{\tau}}=6(1-e^{-250t})(V)$$

电路电流为

$$i(t)=i(\infty)+[i(0_+)-i(\infty)]e^{-\frac{t}{\tau}}=1+[3-1]e^{-\frac{t}{4\times10^{-3}}}=(1+2e^{-250t})(A)$$

或在电容电压已求得基础上，根据 KVL 直接求解 $i(t)$

$$i(t)=\frac{U_{S2}-u_C(t)}{R_2}=\frac{9-6(1-e^{-250t})}{3\times10^3}=(1+2e^{-250t})(mA)$$

（2）$t=30ms=0.03s$ 时开关 S 从 1 位置合到 2 位置时。

1）求初始值。电容电压不跃变为

$$u_C(0.03_+)=u_C(0.03_-)=6(1-e^{-250\times0.03})\approx6(V)$$

$t=0.03_+$ 时刻等效电路如图 9-16(c)所示，应用电源模型等效变换得（与电压源并联的元件可看作开路）

$$i(0.03_+)=\frac{I_{S1}R_1-u_C(0.03_+)}{R_1+R_2}=0.5(mA)$$

2）求稳态值。新稳态下，电容又相当于开路，即

$$u_C(\infty)=\frac{I_{S1}R_1}{R_1+R_2+R_3}R_3=\frac{9}{(3+3+6)\times10^3}\times6\times10^3=4.5(V)$$

$$i(\infty)=\frac{I_{S1}R_1}{R_1+R_2+R_3}=\frac{9}{(3+3+6)\times10^3}=0.75(mA)$$

3）求时间常数。开关合向 2 位置后，与电容串联的等效电阻为$(R_1+R_2)//R_3$，故

$\tau'=[(R_1+R_2)//R_3]C=[(3+3)//6]\times10^3\times2\times10^{-6}=3\times10^3\times2\times10^{-6}=6(ms)$

根据三要素法公式可得

$$u_C(t)=4.5+(6-4.5)e^{-\frac{t-0.03}{6\times10^{-3}}}=(4.5+1.5e^{-\frac{t-0.03}{6\times10^{-3}}})(V)\qquad(t\geqslant0.03s)$$

$$i(t)=0.75+(0.5-0.75)e^{-\frac{t-0.03}{6\times10^{-3}}}=(0.75-0.25e^{-\frac{t-0.03}{6\times10^{-3}}})(mA)\qquad(t>0.03s)$$

电容电压 $u_C(t)$及电路电流 $i(t)$随时间变化的曲线如图 9-16（e)、(f）所示。

9-41　图 9-17(a)所示电路原已稳定，u_{C2}（0_-）=0，$t=0$ 时刻开关 S 由 1 打向 2。求：(1）换路后的运算电路；(2）电流 $i(t)$表达式。

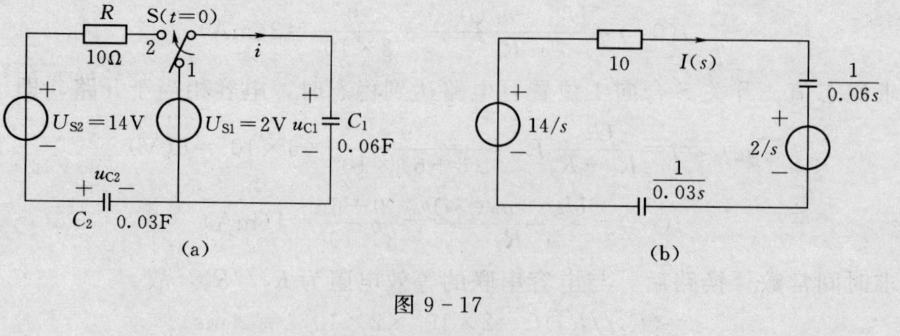

图 9-17

解：由已知得　　　$u_{C1}(0_-)=2\text{V}$，$u_{C2}(0_-)=0$

画出换路后的运算电路如图 9－17(b)所示。电容 C_1 初始电压为零，无附加电压源，电容 C_2 的附加电压源大小为

$$\frac{u_C(0_-)}{s}=\frac{2}{s}$$

由 KVL 得

$$I(s)=\frac{\frac{14}{s}-\frac{2}{s}}{10+\frac{100}{3s}+\frac{100}{6s}}=\frac{12}{10s+50}=\frac{1.2}{s+5}$$

对 $I(s)$进行拉氏反变换得　　　$i(t)=1.2\text{e}^{-5t}\text{A}$

9－42　如图 9－18(a)所示电路，开关 S 断开前，电路处于稳定状态。试求开关断开后的复频域运算电路及电流 $i(t)$。

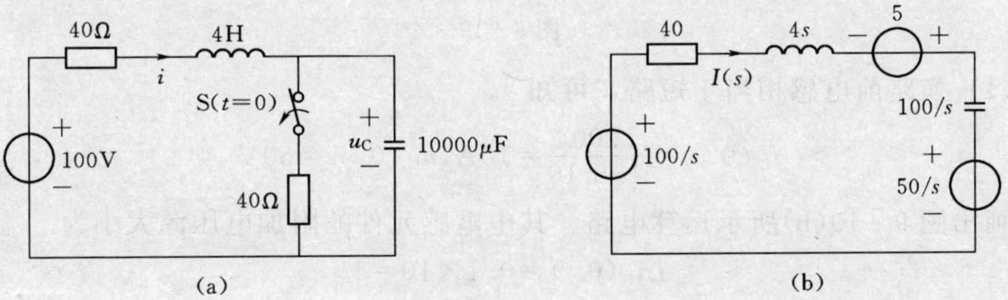

图 9－18

解：(1) 换路前电感相当于电路，电容相当于开路，可知

$$i_L(0_-)=\frac{100}{40+40}=1.25(\text{A})$$

$$u_C(0_-)=\frac{100}{40+40}\times 40=50(\text{V})$$

(2) 画出换路后的运算电路如图 9－18(b)所示。其中电感元件的附加电压源大小为 $Li_L(0_-)=4\times 1.25=5$；电容元件的附加电压源大小为

$$\frac{u_C(0_-)}{s}=\frac{50}{s}$$

(3) 由 KVL 得

$$I(s)=\frac{\frac{100}{s}+5-\frac{50}{s}}{40+4s+\frac{100}{s}}=\frac{5s+50}{4s^2+40s+100}=\frac{1.25s+12.5}{s^2+10s+25}=\frac{1.25s+12.5}{(s+5)^2}$$

将 $I(s)$展开成部分分式

$$I(s)=\frac{A_1}{(s+5)^2}+\frac{A_2}{s+5}=\frac{A_1+A_2(s+5)}{(s+5)^2}=\frac{A_2s+(A_1+5A_2)}{(s+5)^2}$$

对比上面两式，有$\begin{cases}A_2=1.25\\A_1+5A_2=12.5\end{cases}$，解得$\begin{cases}A_2=1.25\\A_1=6.25\end{cases}$，即

$$I(s)=\frac{6.25}{(s+5)^2}+\frac{1.25}{s+5}$$

对 $I(s)$ 进行拉氏反变换得

$$i(t)=(6.25te^{-5t}+1.25e^{-5t})(\text{A})$$

9-43　如图 9-19（a）所示电路，开关 S 闭合前，电路处于稳定状态，电容电压为 100V。试求开关闭合后的复频域运算电路及电流 $i_2(t)$ 的时域函数。

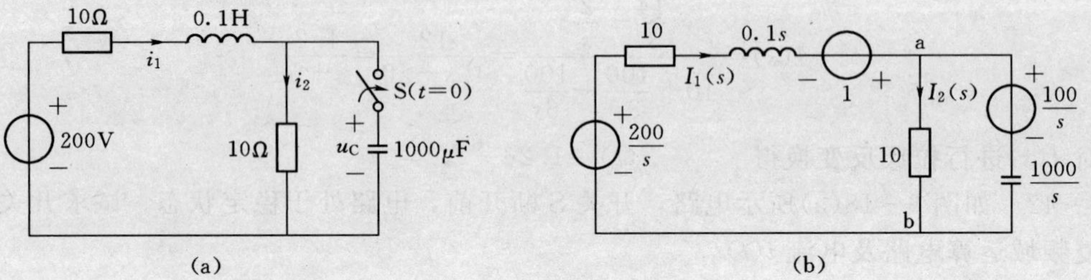

图 9-19

解：（1）换路前电感相当于短路，可知

$$i_L(0_-)=\frac{200}{10+10}=10\text{A},u_C(0_-)=50\text{V}$$

（2）画出图 9-19(b)所示运算电路。其中电感元件的附加电压源大小为

$$Li_L(0_-)=0.1\times10=1$$

电容元件的附加电压源大小为

$$\frac{u_C(0_-)}{s}=\frac{100}{s}$$

（3）由弥尔曼定理得

$$U_{ab}(s)=\frac{\dfrac{\frac{200}{s}+1}{0.1s+10}+\dfrac{\frac{100}{s}}{\frac{1000}{s}}}{\dfrac{1}{0.1s+10}+\dfrac{1}{10}+\dfrac{s}{1000}}=\frac{100}{s}$$

则

$$I_2(s)=\frac{U_{ab}(s)}{10}=\frac{10}{s}$$

对 $I_2(s)$ 进行拉氏反变换得

$$i_2(t)=10\text{A}$$

第 10 章　非线性电阻电路的概念※

一、选择题

10－1　以下描述不正确的是（　　）。

A. 非线性电阻的电流增加 k 倍，则电压也增加 k 倍

B. 非线性电阻的电阻值会随电流、电压值的变化而变化

C. 含非线性电阻的电路不可用叠加定理进行计算

D. 分析非线性电阻电路的依据仍然是 KCL、KVL

10－2　某非线性电阻元件的电流是电压的单值函数，用 $i=g(u)$ 表示，则该电阻是（　　）。

A. 流控型电阻　　B. 压控型电阻　　C. 单调型电阻　　D. 无法确定

10－3　图 10－1 所示为四种非线性电阻元件的伏安特性曲线，其中属于双向电阻的是（　　）。

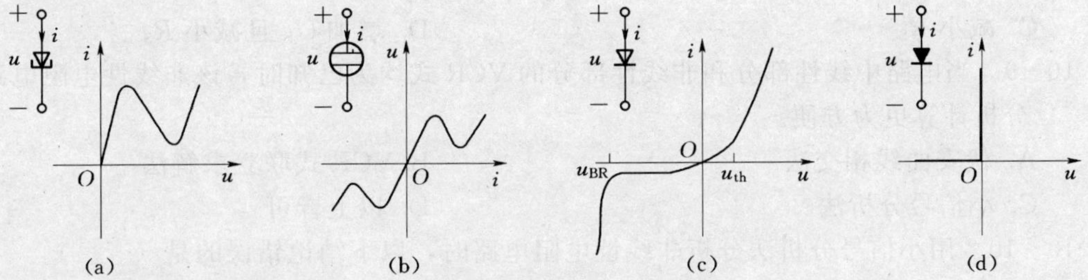

图 10－1

A.（a）图　　B.（b）图　　C.（c）图　　D.（d）图

10－4　关于非线性电阻元件的静态电阻，以下结论正确的是（　　）。

A. 是其伏安特性曲线上工作点 Q 处电压坐标与电流坐标之比

B. 是其伏安特性曲线上工作点 Q 处 u 对 i 的导数

C. 是其伏安特性曲线上工作点 Q 处切线的斜率

D. 非线性电阻元件的静态电阻是个常数

10－5　关于非线性电阻元件的动态电阻，以下结论不正确的是（　　）。

A. 非线性元件的动态电阻可能为负值

B. 静态电阻越大时，动态电阻也越大

C. 是其伏安特性曲线上工作点 Q 处 u 对 i 的导数

D. 伏安特性曲线上各点的动态电阻不等

10－6　某非线性电阻元件的伏安特性为 $u=3i^2$，则电流为 3A 时的静态电阻和动态电阻各为（　　）。

A. 9Ω，3Ω　　B. 9Ω，6Ω　　C. 9Ω，18Ω　　D. 3Ω，6Ω

10－7　当电路中线性部分的 VCR 式和非线性电阻的伏安特性曲线已知时，该非线性电阻电路常用（　　）分析计算。

A. 伏安曲线相交法　　B. VCR 式联立求解法

C. 小信号分析法　　D. 以上皆可

10－8　图 10－2 所示电路的静态工作点为 Q，若欲使工作点下移，可采取（　　）的措施。

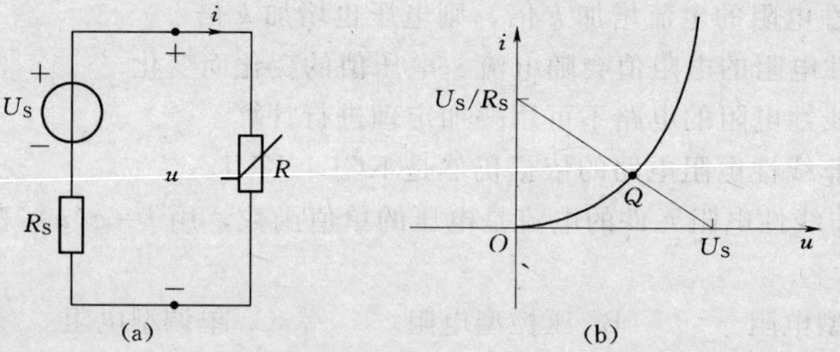

图 10－2

A. 增加 U_S　　B. 增加 R_S

C. 减小 R_S　　D. 增加 U_S 且减小 R_S

10－9　当电路中线性部分和非线性部分的 VCR 式均为已知时，该非线性电阻电路用（　　）分析计算更为方便。

A. 伏安曲线相交法　　B. VCR 式联立求解法

C. 小信号分析法　　D. 以上皆可

10－10　用小信号分析法分析非线性电阻电路时，以下结论错误的是（　　）

A. 小信号等效电路的动态电阻可能是正值，也可能为负值

B. 其实质是将工作点附近的非线性伏安特性线性化

C. 非线性电阻元件用其工作点处的动态电阻来取代

D. 当输入的时变电压振幅较大时，小信号分析法仍适用

二、计算题

10－11　图 10－3(a)所示电路中非线性电阻 R 的伏安特性曲线如图 10－3(b)所示。(1) 求非线性电阻在 a 点的静态电阻值与动态电阻值；(2) 求电压 u 和电流 i。

解：(1) 根据定义，a 点处的静态电阻为

$$R=\frac{u}{i}=\frac{6}{3}=2(\Omega)$$

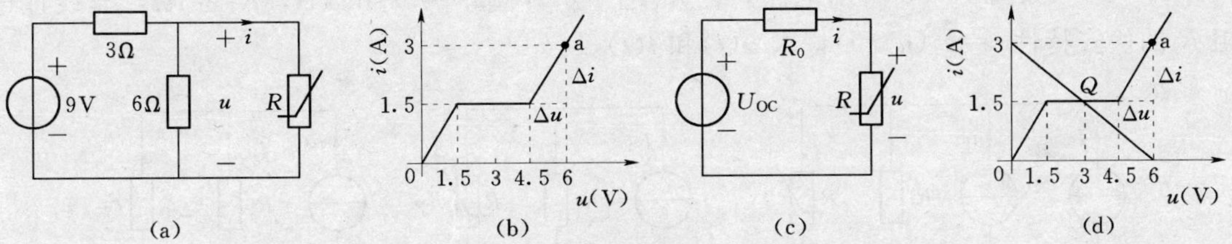

图 10-3

动态电阻为 $$r_d=\frac{\Delta u}{\Delta i}=\frac{6-4.5}{3-1.5}=1(\Omega)$$

(2) 将非线性电阻 R 左侧电路进行戴维南等效，得图 10-3(c)所示电路。其中

$$U_{OC}=\frac{6}{3+6}\times 9=6(\mathrm{V}),\ R_0=3//6=2(\Omega)$$

从而左侧线性支路的 VCR 式为

$$u=6-2i$$

由上式画出负载线，如图 10-3(d)所示，负载线与非线性电阻的伏安特性曲线相交于工作点 Q。读出 Q 点的坐标为

$$u=3\mathrm{V}, i=1.5\mathrm{A}$$

即为所求电压 u 和电流 i 的值。

10-12 如图 10-4(a)所示电路，$U_S=4\mathrm{V}$，$R_1=R_2=10\Omega$，非线性电阻 R 的伏安特性为 $u=2i^2$。试求 u 和 i。

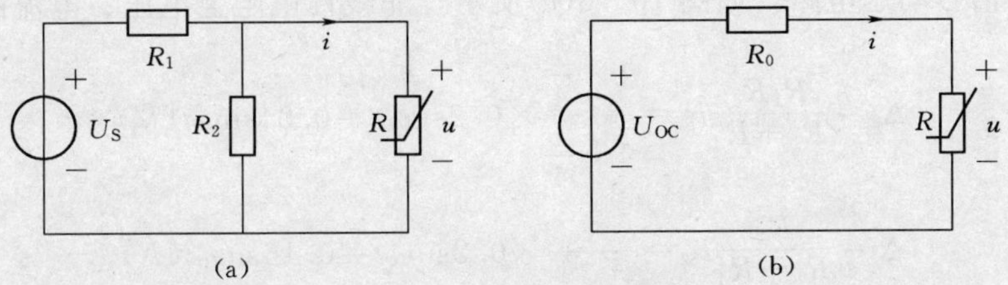

图 10-4

解：将非线性电阻 R 左侧电路进行戴维南等效，得图 10-4 (b) 所示电路。其中

$$U_{OC}=\frac{R_2}{R_1+R_2}U_S=\frac{10}{10+10}\times 4=2(\mathrm{V})$$

$$R_0=10//10=5(\Omega)$$

左侧线性支路的 VCR 式为

$$u=2-5i$$

右侧非线性电阻的 VCR 式为

$$u=2i^2$$

联立以上两式，得

$$2i^2+5i-2=0$$

解得 $$i=0.35\mathrm{A}, u=0.245\mathrm{V}(i=-2.85\mathrm{A}, u=16.24\mathrm{V}\ 舍去)$$

10－13　如图 10－5 所示电路，已知 $I_{S1}=6A$，$i_{S2}=0.2\sin\omega t A$，$R_1=1\Omega$，非线性电阻 R 的伏安特性 $i=u^2(u>0)$，求 $u(t)$ 和 $i(t)$。

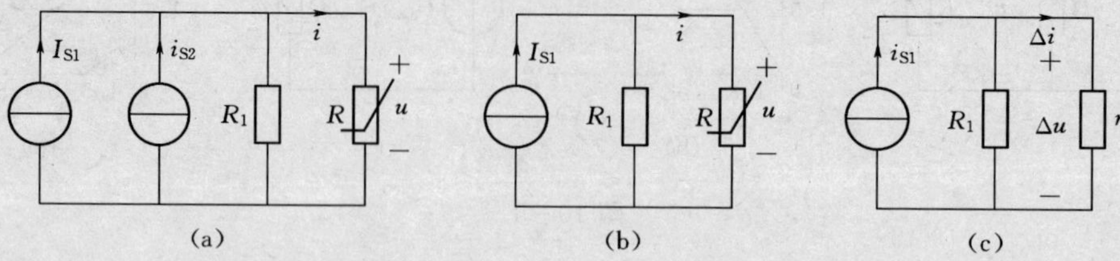

图 10－5

解： 本题用小信号分析法求解。

(1) 设 $i_{S2}=0$，用图 10－5(b)求静态工作点 Q。线性部分的 VCR 式为

$$i=I_{S1}-\frac{u}{R_1}=6-u$$

非线性电阻 R 的伏安特性为

$$i=u^2$$

联立以上两式，并求解，得静态工作点 Q 得坐标为

$$U_Q=2V,I_Q=4A(U_Q=-3V,I_Q=9A\text{ 舍去})$$

非线性电阻 R 伏安特性可改写为 $u=\sqrt{i}$，根据定义，静态工作点 Q 处的动态电阻为

$$r_d=\frac{du}{di}\bigg|_{I_Q=4}=\frac{1}{2\sqrt{i}}\bigg|_{I_Q=4}=\frac{1}{4}\Omega$$

(2) 画小信号动态电路，如图 10－5(c)所示，非线性电阻上电压、电流的变化量为

$$\Delta u=\frac{R_1R_d}{R_1+R_d}i_{S2}=\frac{1\times\frac{1}{4}}{1+\frac{1}{4}}\times0.2\sin\omega t=0.04\sin\omega t(V)$$

$$\Delta i=\frac{R_1}{R_1+R_d}i_{S2}=\frac{1}{1+\frac{1}{4}}\times0.2\sin\omega t=0.16\sin\omega t(A)$$

(3) 综合静态和动态分析得

$$u(t)=U_Q+\Delta u=(2+0.04\sin\omega t)V$$
$$i(t)=I_Q+\Delta i=(4+0.16\sin\omega t)A$$

第 11 章 均匀传输线的概念

11-1 如果线路的几何尺寸远小于电路工作时对应的电磁波长，则该段电路采用（ ）模型进行研究。

A. 分布参数电路　　B. 集总参数电路

C. 两者皆可　　D. 两者皆不可

11-2 应该按分布参数电路来处理电路包括（ ）。

A. 高频下一般尺寸的电路　　B. 低频下长距离输电线

C. 送电电压很高（$U\geqslant330$kV）的输电线　　D. 以上皆是

11-3 远距离均匀传输线中的电流和电压（ ）。

A. 既是时间 t 的函数，又是空间距离 x 的函数　　B. 处处相等

C. 只是空间距离 x 的函数　　D. 只是时间 t 的函数

11-4 均匀传输线上各处电流不相等，这是由于传输线上存在着（ ）。

A. 分布电阻、分布电感　　B. 漏电电导、分布电容

C. 分布电感、分布电容　　D. 分布电阻、漏电电导

11-5 均匀传输线上各处电压不相等，这是由于传输线上存在着（ ）。

A. 分布电阻、漏电电导　　B. 漏电电导、分布电容

C. 分布电感、分布电容　　D. 分布电阻、分布电感

11-6 均匀传输线的原参数是指（ ）。

A. 传播常数 γ 和特性阻抗 Z_C

B. 均匀传输线单位长度所具有的参数值 R_0、G_0、L_0、C_0

C. 均匀传输线单位长度的阻抗 Z_0 与导纳 Y_0

D. 衰减系数 α 和相位系数 β

11-7 均匀传输线的副参数是指（ ）。

A. 传播常数 γ 和特性阻抗 Z_C

B. 单位长度的传输线所具有的参数值 R_0、G_0、L_0、C_0

C. 均匀传输线单位长度的阻抗 Z_0 与导纳 Y_0

D. 衰减系数 α 和相位系数 β

11-8 均匀传输线的电压、电流的正向、反向行波的（ ）。

A. 相速相同，波长相等　　B. 相速不同，波长相等

C. 相速不同，波长不等　　D. 相速相同，波长不等

11－9　不管是正向行波还是反向行波，在有损耗的均匀传输线中，随着行波的前进，均有（　　）。

A. 振幅增加、相位滞后　　B. 振幅衰减、相位超前

C. 振幅衰减、相位滞后　　D. 振幅增加、相位超前

11－10　均匀传输线的传播常数为 $\gamma=\alpha+j\beta$，其意义为：同一瞬间，沿电压传播方向相隔单位距离的两点，后一点与前一点相比，有（　　）。

A. 后一点的振幅为前一点的 $e^{-\alpha}$ 倍，后一点的相位比前一点滞后 β 弧度

B. 后一点的振幅为前一点的 $e^{-\beta}$ 倍，后一点的相位比前一点超前 α 弧度

C. 后一点的振幅为前一点的 e^{β} 倍，后一点的相位比前一点滞后 α 弧度

D. 后一点的振幅为前一点的 e^{α} 倍，后一点的相位比前一点超前 β 弧度

11－11　对均匀传输线上某点的电压行波与电流行波，下列结论正确的是（　　）。

A. u^{+} 的振幅是 i^{+} 的振幅的 $|Z_C|$ 倍；u^{+} 的相位比 i^{+} 的相位滞后 φ_c

B. u^{-} 的振幅是 i^{-} 的振幅的 $|Z_C|$ 倍；u^{-} 的相位比 i^{-} 的相位滞后 φ_c

C. u 的振幅是 i 的振幅的 $|Z_C|$ 倍；i 的相位比 u 的相位超前 φ_c

D. u^{+} 的振幅是 i^{+} 的振幅的 $|Z_C|$ 倍；u^{+} 的相位比 i^{+} 的相位超前 φ_c

11－12　关于无反射线，下列结论中错误的是（　　）。

A. 传输线的效率较高

B. 传输线上的电压和电流只有正向行波，没有反向行波

C. 其条件是均匀传输线末端所接负载的阻抗为零

D. 其条件是均匀传输线末端所接负载的阻抗与均匀传输线的特性阻抗相等

选择题答案

第1章

1-1 D；　1-2 C；　1-3 A；　1-4 B；　1-5 A；　1-6 A；
1-7 B；　1-8 D；　1-9 A；　1-10 C；　1-11 C；　1-12 C；
1-13 D；　1-14 D；　1-15 A；　1-16 A；

第2章

2-1 A；　2-2 A；　2-3 B；　2-4 D；　2-5 B；　2-6 D；
2-7 D；　2-8 A；　2-9 D；　2-10 C；　2-11 B；　2-12 B；
2-13 A；　2-14 C；　2-15 D；　2-16 C；　2-17 A；　2-18 D；
2-19 B；　2-20 C；　2-21 A；　2-22 D；　2-23 B；　2-24 C；
2-25 B；　2-26 D；　2-27 C

第3章

3-1 C；　3-2 B；　3-3 D；　3-4 B；　3-5 C；　3-6 A；
3-7 D；　3-8 C；　3-9 B；　3-10 C；　3-11 A；　3-12 D；
3-13 D；　3-14 D；　3-15 B；　3-16 C；　3-17 B；　3-18 A；
3-19 C；　3-20 A；　3-21 B；　3-22 C；　3-23 C；　3-24 D；
3-25 B；　3-26 D；　3-27 A；　3-28 C；　3-29 D；　3-30 C；
3-31 B；　3-32 D；　3-33 C；　3-34 B；　3-35 C；　3-36 B；
3-37 C；　3-38 B；　3-39 C；　3-40 C；　3-41 B；　3-42 C；
3-43 C；　3-44 B；　3-45 D；　3-46 B；　3-47 C

第4章

4-1 B；　4-2 C；　4-3 D；　4-4 B；　4-5 D；　4-6 A；D
4-7 B；　4-8 D；　4-9 D；　4-10 C；　4-11 A；　4-12 A；
4-13 C；　4-14 B；　4-15 A；　4-16 D；　4-17 A

第5章

5-1 A；　5-2 D；　5-3 A；　5-4 D；　5-5 D；　5-6 D；
5-7 C；　5-8 D；　5-9 D；　5-10 D；　5-11 D；　5-12 C；
5-13 D；　5-14 B；　5-15 B；　5-16 D；　5-17 C；　5-18 C；
5-19 D；　5-20 B

第6章

6－1 A；　6－2 C；　6－3 D；　6－4 C；　6－5 B；　6－6 C；
6－7 B；　6－8 A；　6－9 A；　6－10 D；　6－11 A；　6－12 C；
6－13 A；　6－14 C；　6－15 B；　6－16 B

第7章

7－1 B；　7－2 C；　7－3 A；　7－4 C；　7－5 A；　7－6 B；
7－7 C；　7－8 A；　7－9 D；　7－10 A；　7－11 B；　7－12 A；
7－13 C；　7－14 B；　7－15 D

第8章

8－1 D；　8－2 C；　8－3 A；　8－4 C；　8－5 B；　8－6 D；
8－7 B；　8－8 D；　8－9 A；　8－10 C；　8－11 B；　8－12 D；
8－13 A；　8－14 C；　8－15 C；　8－16 D；　8－17 D；　8－18 B；
8－19 D；　8－20 C；　8－21 C；　8－22 B；　8－23 C；　8－24 B；
8－25 B

第9章

9－1 B；　9－2 D；　9－3 A；　9－4 C；　9－5 A；　9－6 C；
9－7 C；　9－8 D；　9－9 C；　9－10 C；　9－11 B；　9－12 A；
9－13 D；　9－14 D；　9－15 A；　9－16 B；　9－17 C；　9－18 A；
9－19 B；　9－20 C；　9－21 A；　9－22 D；　9－23 B；　9－24 D

第10章

10－1 A；　10－2 B；　10－3 B；　10－4 A；　10－5 B；　10－6 C；
10－7 A；　10－8 B；　10－9 B；　10－10 D

第11章

11－1 B；　11－2 D；　11－3 A；　11－4 B；　11－5 D；　11－6 B；
11－7 A；　11－8 A；　11－9 C；　11－10 A；　11－11 D；　11－12 C